Kirchhoff **HÄUSER DES BUCHES**

Markus Kirchhoff

HÄUSER DES BUCHES

Bilder jüdischer Bibliotheken

Herausgegeben vom
Simon-Dubnow-Institut
für jüdische Geschichte und Kultur
an der Universität Leipzig

RECLAM
LEIPZIG

Besuchen Sie unsere Website
www.reclam-leipzig.de

© Reclam Verlag Leipzig 2002
1. Auflage, 2002
Umschlaggestaltung: Kurt Blank-Markard
unter Verwendung einer Fotografie von Brian Blue (Budapest):
»Prayer Books in the Window of the Dessetury Shut«
Mit 57 Abbildungen
Gesetzt aus Slimbach und Futura
Layout und Satz: Steffi Glauche
Druck und Bindung: Sachsendruck, Plauen
Printed in Germany
ISBN 3-379-00786-2

Inhalt

Vorwort

Bibliotheken sind Gedächtnisorte des Wissens. Nicht eines archäologischen und damit abgelegten Wissens, sondern einer lebendigen, einer arbeitenden Textaufnahme im offenen, im öffentlich zugänglichen Raum.

Die öffentliche Bibliothek ist ein Signum der Moderne. Sie setzt allgemeine Lesekundigkeit ebenso voraus, wie sie zur Volksbildung beiträgt. Jüdische Bibliotheken unterscheiden sich dabei nicht von Bibliotheken anderer Lesekulturen. Und dennoch differieren sie bei näherem Anschauen. In der maßgeblichen Hinsicht etwa, dass bedeutende jüdische Sammlungen und Bibliotheken einen relativ hohen Grad von Mobilität aufweisen. Ihre Tradition nimmt sich räumlich gleichsam ubiquitär aus.

Solch hoher Grad von Mobilität und räumlicher Ubiquität ist von den katastrophischen Verursachungen des vergangenen, des 20. Jahrhunderts zu unterscheiden, als öffentliche und private, sakrale und profane Sammlungen und Bibliotheken – waren sie nicht frühzeitig in sicherere Gefilde verlegt worden – beschlagnahmt, auseinander gerissen, verbrannt oder anderweitig vernichtet wurden. Die Gewalt, die die Juden damals unter nationalsozialistischer deutscher Herrschaft und Besatzung in Europa erlitten, ist als namentliche Einkerbung individuellen Eigentums jenen verlorenen Büchern eingeschrieben, die gleichsam überall als Artefakte von Raub und Plünderung unbefragt an das damalige Geschehen erinnern. Dass jüdische Sammlungen und Bibliotheken aus dem alten Europa heute weltweit verstreut sind, ist mithin dem Untergang der jüdischen Lebenswelten Europas geschuldet.

Doch neben der Katastrophengeschichte der Juden im 20. Jahrhundert, sind andere, vornehmlich gegenläufige Gründe für jene den jüdischen Lebenswelten eingeschriebenen Momenten von Mobilität und Ubiquität charakteristisch. Sie gehen wesentlich aus den Formen jüdischen Lebens hervor. So sind Textualität und Mobilität hervorstechende Merkmale in der Geschichte der Juden. Textualität ist schon allein deshalb ein auffälliges Merkmal jüdischer Existenz, da die Juden wegen ihrer Verfassung als vormoderne *natio* transterritorialen Charakters für die Kommunikation untereinander der Vermittlungen durch Texte bedurften. Es waren vornehmlich rabbinische Responsen, die ein gleichsam unsichtbares Netzwerk zwischenjüdischen Austauschs sakraler wie profaner Art über weite Räume und Zeiten hinweg herstellten, während die Lokalität der Schriften bzw. die Ansammlungen von Schriften das jeweilige Zentrum jüdischen Lebens auszumachen pflegten. Dass dieses in der Vormoderne, aber auch über diese hinaus, wesentlich mit dem Ort des Gottesdienstes korrelierte, liegt in der Natur der Sache bzw. in der Sakralität ebenjenes dort einsehbaren Schrifttums.

Mit der in unterschiedlicher Intensität sich einstellenden Emanzipation der Judenheiten in Europa ebenso wie in manchen Bereichen des Orients werden Schübe der Säkularisierung eingeleitet, die sich wiederum und in herausragender Weise der Trägerschaft des Textes bedienen. Dieser Text unterscheidet sich erheblich von jenem traditionellen Schrifttum, das mit den Erfordernissen von religiöser Ausdeutung auch der kleinsten Verrichtungen des Alltages verbunden war. Die neuen Texte haben einen anderen, um nicht zu sagen einen gegenläufigen, verweltlichenden Charakter. Damit ist eine überaus interessante Transformation verbunden: Die zuvor den sakralen Büchern erwiesene Ehrfurcht wird auf die weltlichen Druckwerke übertragen; der Ort, der dem gesetzestreuen Juden der gemeinsame Gottesdienstes war, wird nunmehr von der öffentlichen Bibliothek eingenommen.

Die Verwandlung des Sakralen in das Profane findet sich nicht nur anhand der Inhalte der Bücher angezeigt, sondern auch durch die den jüdischen Lebenswelten entsprechende Sprachenvielfalt. Jüdische Bibliotheken unterscheiden sich wesentlich von anderen Bibliotheken dergestalt, als die dort versammelten Bücher in den verschiedensten »jüdischen« Sprachen abgefasst sind. Als jüdische Sprachen sind neben den Sprachen des Sakralen - dem Hebräischen und Aramäischen - auch solche Sprachen anzusehen, die, wie das Jiddische, sich hebräischer Schriftzeichen bedienen oder - und damit weiter gefasst - solche Sprachen, die in bestimmten Kulturkreisen und in relevanten Zeiten durchaus als Sprache jüdischer Bevölkerungen galten bzw. von den Juden als solche angesehen wurden. Für den mitteleuropäischen/ostmitteleuropäischen Kontext galt im 19. Jahrhundert bis zum Aufkommen des Nationalsozialismus im 20. Jahrhundert Deutsch durchaus auch als jüdische Sprache bzw. als von emanzipierten und akkulturisierten Juden bevorzugte Universalsprache. Dass die deutschen Klassiker in Deutsch oder in entsprechender Übersetzung geradezu zum Grundstock eines jeden jüdischen Bücherschranks gehörten, ist notorisch. Dass dies heute nicht mehr der Fall ist, lässt sich in Israel, aber auch anderenorts an den Todesfällen sich anschließenden Aussortierungen der Nachkommenschaft ablesen.

Dieser Band vermittelt dem geneigten Leser einen Eindruck von der besonderen Bedeutung jüdischer Textsammlungen und Bibliotheken für die moderne Geschichte der Juden. Erwachsen ist er einer Ausstellung, die in den Räumen des Simon- Dubnow-Instituts an der Universität Leipzig zu sehen war, wie in den Räumen des Instituts überhaupt und im jährlichen Wechsel Ausstellungen zu herausragenden Themen jüdischer Bildung und Wissenschaft zu sehen sind.

Die von Markus Kirchhoff als Mitarbeiter des Instituts mit großer Umsicht und Akribie ausgerichtete Ausstellung »Häuser des Buches – Leute des Buches« diente einer Einführung in die jüdische Lesewelt. Um die Ausstellung und das von ihr ausgehende Verständnis für diesen Aspekt der jüdischen Lebenswelten einem breiteren Publikum zugänglich zu machen, hat Markus Kirchhoff diesen Band verfasst, der weit über die Bedeutung eines Ausstellungskatalogs hinausgeht und insofern als eine eigenständige Publikation zu den jüdischen Lesewelten zu verstehen ist. Diese Welten und die Orte des öffentlichen Zugriffs wie des gemeinschaftlichen Lesens von Büchern – die Bibliotheken und Sammlungen – werden dabei als die zentralen Orte jüdischen Lebens ausgemacht, Orte, in denen die Transformation des Sakralen in das Profane erfolgt – ebenjene untergründige Thematik der Ausstellung. Doch trotz aller Profanisierung bleibt den Orten der Bücher die Spur des Sakralen auch weiterhin eingeschrieben.

Dan Diner
Direktor des Simon-Dubnow-Instituts
an der Universität Leipzig

Einleitung

»Das gleiche wird auch in den Schriften und in den Erinnerungen Nehemias erzählt; dort steht auch, wie er eine Bücherei* anlegte und die Bücher der Könige und Propheten und die (Lieder) Davids sammelte, auch königliche Urkunden über Weihegaben.

Genauso hat auch Judas alle Bücher wieder gesammelt, die in dem Krieg, den wir führen mußten, zerstreut worden waren. Sie befinden sich heute bei uns. Sollten euch einige davon fehlen, so laßt sie durch Boten holen!«

2 Makk 2,13-15. Das zweite Buch der Makkabäer entstand nach 160 v. u. Z. Der Autor, der auf die nach dem Makkabäeraufstand erneut in Jerusalem zusammengetragenen Schriften verweist, richtet sich an Juden, die zu dieser Zeit in Ägypten lebten.

* Im griechischen Original: βιβλιοθήκη

»Dies lehrten die Weisen, ihr Andenken sei zum Segen,
bereits über diejenigen,
die unablässig Wohltätigkeit üben:
das ist der, der Bücher kauft und anderen leiht.«

Aus der Responsensammlung »Hut ham-meshullash« (»Dreifacher Faden«) des Salomo ben Zemah Duran (Algier, gest. um 1593). Bezug genommen wird an dieser Stelle auf den babylonischen Talmud, Traktat Ketubot 50a. Übersetzung von Susanne Plietzsch.

»Wenn du Bücher zu verkaufen hast
und dein Bruder, der Bücher nicht ausleiht, sie erwerben will,
verkaufe sie lieber einem Fremden,
der die Bücher anderen ausleiht.«

*Aus dem von Rabbi Juda dem Frommen von Regensburg
(gest. 1217) verfassten »Sefer Chassidim«. Zitiert nach: Stichwort
»Bibliotheken«, in: Encyclopaedia Judaica, Bd. 4, Berlin 1929.*

»Es gibt manchen, der durch seine Geschäfte dermaßen in Anspruch
genommen ist, daß ihm für das Studium keine Zeit bleibt [gemeint sind
die großen Bankiers];
diese geben jedoch Geld für Bücher aus, die sie in ihren Häusern den
Lernbegierigen zur Verfügung stellen und ausleihen.«

*Die Drucker von Cremona 1557 in der Vorrede zum »Rokeah«,
einem halachischen Werk des Eleazar ben Juda von Worms
(ca. 1165–1230). Zitiert nach: Stichwort »Bibliotheken«, in: Encyclopaedia Judaica, Bd. 4, Berlin 1929.*

»Mein Sohn, mach deine Bücher zu deinen Gefährten; laß deine Bücherkästen und -regale deine Gärten und dein Paradies sein; nähre dich
in ihrem Obstgarten, pflücke ihre Rosen, sammle ihre Früchte, ihre Wür-
zen und Myrrhen …«

*Aus dem Testament des Rabbi Juda Ibn Tibbon (1120 bis nach
1190), einem Arzt in Spanien, der durch seine Übersetzungen aus
dem Arabischen ins Hebräische bekannt wurde. Zitiert nach: Soncino-Blätter. Beiträge zur Kunde des jüdischen Buches, Bd. 1, Berlin 1925/26, 44.*

Bibliotheken sind in der jüdischen Tradition hoch geachtet. Nicht nur für das Buch, auch für Büchersammlungen finden sich Beispiele jüdischer Wertschätzung – das zeigen die vorangestellten Textstellen und Aussprüche vom Altertum bis zur frühen Neuzeit: So verweist im 2. Jahrhundert v. u. Z. das zweite Buch der Makkabäer auf die nun, nach dem erfolgreichen Aufstand gegen die Seleukiden, reetablierte Bibliothek in Jerusalem. Der Talmud hebt den Erwerb und das Ausleihen von Büchern als eine Form der Wohltätigkeit (hebr.: *zedaka*) hervor. Dieser Empfehlung folgen zahlreiche Autoren, die den Rat geben, Bücher keinesfalls nur zu horten und für sich zu behalten. Wohlhabenden wird empfohlen, Buchsammlungen für die Lernbegierigen zur Verfügung zu stellen. Und selten ist eine Bibliothek derart poetisch gewürdigt worden, wie von Rabbi Juda Ibn Tibbon, der im 12. Jahrhundert als Arzt in Spanien tätig war und seine »Bücherkästen und Bücherregale« dem Sohn in floralen Metaphern als »Garten« und als »Paradies« empfahl.

Traditionell, das zeigen die Beispiele, existierten bereits Formen einer proto-öffentlichen jüdischen Bibliothekskultur. Dabei handelte es sich vorwiegend um religiöse Sammlungen. Als Beispiele werden in diesem Zusammenhang neben der Synagoge insbesondere das Lehrhaus (hebr.: *bet ha-midrash*) hervorgehoben, ein zusätzlich zur Synagoge in der Gemeinde vorhandenes Bethaus, in dem die Bibel, der Talmud und andere religiöse Werke den Lesern frei zugänglich sind.[1] So ergeben sich aus der Tradition heraus Anknüpfungspunkte, fraglos aber auch Wandlungen und Brüche zu jüdischen Bibliotheken in der Moderne. Aspekte eben dieser modernen jüdischen Bibliothekskultur von der Mitte des 19. bis zur Mitte des 20. Jahrhunderts sind das Thema der vorliegenden Publikation.

Bibliotheken sind für Kulturwissenschaften und Literatur, für Film und Feuilleton gegenwärtig ein beliebtes Thema. Begeistert ist von »Gefäßen des Wissens« oder »Gedächtnissen der Worte« die Rede.[2] Wissenschaftliche Bibliotheken in Israel werden als »Sammelstätte des Verstreuten« beschrieben.[3] Schon zu Anfang des 20. Jahrhunderts sprach Aby Warburg von »Büchertrutzkästen«, von der idealen Bibliothek als »Tummelplatz leidenschaftlicher Besonnenheit«.[4] Umberto Eco hat mit »Der Name der Rose« einen Bibliotheksroman verfasst,[5] in Wim Wenders »Der Himmel über Berlin« ist die Filmszene in der Preußischen Staatsbibliothek mit einem vielsprachigen und synchronen Gedankenteppich unterlegt. Literarisch und filmisch werden Bibliotheken dunkel mit Geheimnis und Unergründlichkeit und, damit verbunden, der Angst um die Zerstörung des an einem Ort mühevoll Kumulierten assoziiert; wissenschaftlich zählen sie zu den Anschauungsobjekten der Theorie kollektiver Gedächtnisse.[6]

Der Alltag allerdings kennt ein anderes Bild. »Es ist eine leider nicht zu bestreitende Tatsache, daß jede andere kulturelle Einrichtung [...] beim Publikum mehr Interesse findet als gerade eine Bibliothek«, so wird geklagt.[7] Als wirklich erfreuliche Form der Bibliothek hat Walter Benjamin allein die *private* Sammlung ausgemacht: »Wenn öffentliche Sammlungen nach der sozialen Seite hin unanstößiger, nach der wissenschaftlichen nützlicher sein mögen als die privaten – die Gegenstände kommen nur in dieser zu ihrem Recht.«[8] Umberto Eco glossiert in einer heiteren, realitätsnahen Liste von 19 Punkten, »wie man eine öffentliche Bibliothek organisiert«: so, dass dem »Leser als Feind« die Benutzung möglichst vergällt wird.[9] Nicht immer scheint es selbstverständlich zu sein, dass auch der Benutzer das Maß der Bibliotheken sein sollte. Vielleicht deshalb hat sich die UNESCO eigens zu einer Resolution veranlasst gesehen, wonach es tatsächlich eine der Aufgaben der öffentlichen Bibliotheken ist, dem Publikum das Lesen zu ermöglichen.[10]

Im Idealfall ist die Bibliothek ein Bereich größter Freiheit für den sich Bildenden. Das ist für die privat angelegte Sammlung oder die gut sortierte Buchhandlung ohnehin der Fall. Woher auch immer der Impetus, der passionierte oder professionelle Leser sucht sich seine Lektüre selbst. Gegenüber diesem individuellen Akt tritt das Angebot guter öffentlicher Bibliotheken scheinbar in den Hintergrund. Ihre Dienstleistung besteht in der Erfüllung einer Reihe von Ansprüchen: das elementare Bedürfnis des Lesens zu befriedigen, Bildung und Selbststudium zu unterstützen und möglichst auch die Lust an der Suche und am Entdecken zu fördern.

Ein solches, auf das Individuum abzielendes »bildungsliberale« Ideal macht allerdings nicht die triviale Wahrheit vergessen, dass öffentliche, institutionelle Bibliotheken stets spezifische gesellschaftliche, politische oder ideologische Funktionen erfüllen. »Cuius regio eius bibliotheca« ist in Hinblick auf sozialistisches Bibliothekswesen formuliert worden,[11] aber die Formulierung ist auch für andere Kontexte bedenkenswert. Nicht erst in der historischen Reflexion tritt die »Funktionalität« bestimmter Bibliotheken hervor; gewöhnlich war dies bereits ihren Gründern bewusst. Bedeutend waren und sind Bibliotheken in Prozessen der Nationsbildung, bei der Verbreitung, Durchsetzung und Konservierung politischer Ideologien, für die Akkulturation von Einwanderern oder für die Gewährleistung einer »civil society«.

Bibliotheken sind immer Orte der Kommunikation: Zwischen dem Leser und den im Buch vermittelten Einstellungen und kulturellen Traditionen. Bibliotheken erfüllen aber auch *neben* diesem Zweck ganz praktische Funktionen – als Orte des verabredeten oder zufälligen Treffens, des Rückzugs, oder der kleinen alltäglichen oder politischen Fluchten. Umberto Eco plädiert für die Möglichkeit eines »Flirts zwischen Büchern«.[12] Franz Kafka hat die mit einer großen Bibliothek ausgestattete Berliner Hochschule für die Wissenschaft des Judentums 1923 als »Friedensort in dem wilden Berlin und in den wilden Gegenden des Inneren« gerühmt.[13] Büchereien sind früher – mit Karl Marx in der British Library als bekanntestem Beispiel – gerade auch wegen ihrer gut geheizten Räume besucht worden. Hans Magnus Enzensberger beschreibt, wie er sich 1941 als Zwölfjähriger dem »Dienst« im »Deutschen Jungvolk« entzog und stattdessen im Bibliothekar der Nürnberger Stadtbibliothek einen stillen Verbündeten fand.[14] Leser haben eine besondere Beziehung zu »ihrer« Bibliothek; diese ist vielleicht enger, als allgemein angenommen wird.

Alle diese politischen, sozialen und kulturellen Funktionen treffen für nichtjüdische genauso wie für jüdische Bibliotheken zu. Aus diesem Grund waren Bestandsaufbau und -organisation in jüdischen öffentlichen und wissenschaftlichen Bibliotheken in gleicher Weise wie in nichtjüdischen Gegenstand bibliothekarischer Richtungsstreits.[15] Wenn die vorliegende Publikation eine Auswahl vor allem institutioneller jüdischer Bibliotheken aus einem Jahrhundert vorstellt, so ist dabei die *Vielfalt* ihrer Erscheinungsformen, Hintergründe und Verwendungen das vorrangige Thema. Jüdische Bibliotheken sind, oder waren, so vielgestaltig und verschieden wie die jüdischen Lebenswelten, die vielfältigen Motive jüdischer Bibliotheksbetreiber und die Bedürfnisse der Leser selbst. Wenn es angesichts des Reichtums der Formen jüdischen Lebens in

Europa, in den außereuropäischen Zielländern der Migration und im Vorderen Orient überhaupt so etwas wie einen gemeinsamen Nenner jüdischer Bibliotheksgeschichte von der Mitte des 19. bis zur Mitte des 20. Jahrhunderts geben kann, dann ist dies wohl der mit der Moderne einhergehende Wandel selbst.

Dieser Wandel bedeutete zu einem großen Teil die Verweltlichung jüdischer Kultur. Gerade am Beispiel der Bibliothek lässt sich dies zeigen. Der Historiker Georg Herlitz hat 1928 den Übergang von der traditionell-religiösen Synagogenbibliothek zu den jüdischen Gemeindebibliotheken in Deutschland beschrieben:

»Diese kleinen Bibliotheken, die auch in Deutschland noch bis Ende des vorigen Jahrhunderts in jeder Synagoge kleiner Gemeinden anzutreffen waren und in Osteuropa wohl noch heute in jeder ›frommen Schul‹ zu finden sind, sind die Vorläufer der jüdischen *Gemeindebibliotheken*, die heute in einigen großen Gemeinden, besonders Westeuropas, eingerichtet worden sind. Es ist jedoch ein weiter Weg von jenen Synagogenbibliotheken bis zu den Gemeindebibliotheken unserer Zeit [...]. Jene Synagogenbibliotheken enthielten die Bücher des Judentums, in denen sich dieses seinem Wesen und dem Inhalt nach dem Kenner selbst darstellte, während die Gemeindebibliotheken von heute zwar jene auch, aber daneben und vor allem Bücher von und über das Judentum zur Belehrung von Laien als Bestand aufweisen.«[16]

Die Belehrung von jüdischen »Laien« – dies bezeichnet einen Übergang, der sich in Bibliotheken abbildete und von diesen selbst mit bewirkt wurde.

Mit der Moderne, bedingt durch Vorgänge wie Verweltlichung, Industrialisierung, Nationalismus, Verfolgung und Auswanderung, erweiterte sich die Spannbreite jüdischer Bibliotheken. Etwas vom Wandel ihrer Anschauung findet sich auch in den verwendeten Begriffen. Das heutige Hebräisch kennt zwei Entsprechungen für »Bibliothek«: *bet ha-sfarim* und *sifrija*. Dabei geht der ältere Begriff *bet ha-sfarim*, wörtlich: »Haus der Bücher«, bereits auf eine Wurzel im biblischen Aramäisch zurück. Als hebräischer Ausdruck findet er sich in Texten des Midrasch; vom Mittelalter an wurde er häufiger verwendet. In ihm klingt eine Analogie zu den traditionellen Institutionen wie der des *Bet Hami-drash* (Lehrhaus) oder des *Bet Knesset* (Synagoge) an – Häusern, die wie andere religiöse Einrichtungen, etwa die *Jeschiwa* (Talmudschule) oder der *Bet Din* (das religiöse Gerichtshaus) über Sammlungen von Texten verfügen. Ange-wendet wurde der Begriff beispielsweise noch auf die jüdische Nationalbiblio-thek in Jerusalem, die, zu Ende des 19. Jahrhunderts gegründet, heute noch immer *bet ha-sfarim* in ihrem offiziellen Namen trägt. Im modernen Ivrit aller-dings wird diese ältere Bezeichnung bereits nicht mehr verwendet;[17] *sifrija*, um 1900 in Gebrauch gekommen, ist heute das übliche Wort für die öffentliche Bibliothek und Bücherei.[18]

Jüdische Bibliotheken stehen als weltliche, öffentliche und wissenschaftli-che Einrichtungen im Vordergrund des vorliegenden Bandes. Der Titel »Häuser des Buches«[19] ist dabei nicht zuletzt auch deshalb gewählt, um auf den Hinter-grund älterer Formen jüdischer Büchersammlungen zu verweisen, sowie mo-derne, mit Bibliotheken verwandte Einrichtungen wie Archive, Leihbuchhand-lungen etc. mit einbeziehen zu können. So kommen Rück- und Seitenblicke auf den *Cheder* oder den fahrenden Buchhändler ebenso vor, wie ein eigenes Kapi-tel zur wissenschaftlichen Wiederentdeckung der traditionellen *Genisa*.

Auch die *moderne* jüdische Bibliotheksgeschichte weist, obwohl sie in for-maler und technischer Hinsicht weitgehend der allgemeinen Entwicklung äh-nelt,[20] eine Reihe eigener Charakteristika auf. Naturgemäß korrelieren diese Merkmale mit spezifischen Phänomenen der jüngeren Geschichte der Juden überhaupt. Wesentliche Aspekte, die sich auch in der Bibliotheksgeschichte niederschlagen, sind: das Leben unter und mit besonderen, von der nichtjüdi-schen Umwelt gesetzten Bestimmungen oder Konventionen; die Frage indivi-dueller und gemeinschaftlicher Selbstbestimmung und Selbstbehauptung; oder, und nicht zuletzt, das Moment freiwilliger oder erzwungener Migration. Als Teil dieser Kontexte beschreibt die vorliegende Publikation jüdische Biblio-theksgeschichte in einer kleinen Auswahl von Kapiteln. Einzelne Abschnitte rü-cken bestimmte Räume oder Städte in den Vordergrund: Den Ansiedlungsrayon im russländischen Reich von der Mitte des 19. Jahrhunderts bis zum Ersten Weltkrieg, gefolgt von einem Seitenblick auf New York um 1900, fortgesetzt durch die Fokussierung auf Polen in der Zwischenkriegszeit (Kap. 1). In einen gänzlich anderen Kontext führt die exkursartige Darstellung zur »Welt der Genisa« (Kap. 2). Nicht die Geschichte der auf die Spätantike zurückgehenden Genisa von Kairo selbst, aber die Sensation ihrer Bergung und Überführung nach Cambridge im Jahre 1897 liegt in der Chronologie der Kapitelabfolge. Zugleich ergeben sich über ihren wissenschaftlichen »Entdecker« Solomon Schechter Bezüge zum vorangegangenen Kapitel zu Osteuropa. Aspekte jüdischer Bibliotheksgeschichte in Palästina von den 1880er Jahren bis zur Staatsgründung Israels (Kap. 3) und in Berlin als urbanem Zentrum von der Jahrhundertwende bis zum Jahr 1933 (Kap. 4) schließen sich an. Ein thematisches Kapitel (Kap. 5) ist den großen Bibliophilen Aby Warburg und Salman Schocken sowie der Soncino-Gesellschaft gewidmet. Ein weiteres Kapitel (Kap. 6) thematisiert die Zerstörung und Plünderung jüdischer Bibliothcken im »Dritten Reich«. Zu einem großen Teil, das zeigt dieser Abschnitt, handelt es sich bei den jüdischen Bibliotheken in Europa, wie sie in diesem Band beschrieben werden, um eine durch das nationalsozialistische Deutschland für immer ausgelöschte Welt. Zugleich wird in diesem Kapitel der Versuch unternommen, die Bedeutung von Büchereien in der Extremsituation der Ghettos unter nationalsozialistischer Herrschaft zu beschreiben.

Nach dem Zweiten Weltkrieg gelang es einer Behörde der amerikanischen Besatzungsmacht in Deutschland, zusammen mit jüdischen Organisationen und Institutionen, Teile der noch auffindbaren Bestände der durch NS-Behörden und Einsatztruppen zerstörten, konfiszierten und verschleppten jüdischen Bibliotheken an die ehemaligen Besitzer zurückzugeben. Für einen großen Teil der hunderttausenden von Büchern war das nicht möglich. An ihrer statt haben eine Reihe jüdischer Institutionen diese Bestände übernommen. So lassen sich nicht nur die Geschichte der Juden, sondern auch die jüdische Bibliotheksgeschichte – dies ist die These des abschließenden Kapitels (Kap. 7) – »migrationsgeschichtlich« lesen.

Wahl und Anordnung dieser Themen verstehen sich auch als Versuch, jüdische Bibliotheksgeschichte zu erzählen. Trotz der Aufteilung in Einzelkapitel ist doch ein thematischer Bogen intendiert, der den oben angedeuteten Gesamtzusammenhang im Blick behält. Daher sind Bezüge und Verweise zwischen den einzelnen Kapiteln beabsichtigt; zum Teil entstehen sie über Persönlichkeiten, die in mehreren Zusammenhängen Erwähnung finden. So werden Lucy Dawidowicz, Simon Dubnow, Heinrich Loewe, Gershom Scholem und Alfred Wiener mehrfach zitiert oder intensiver porträtiert. Im Kapitel zu den Zerstörungen und den Raubzügen des Nationalsozialismus kehrt die Darstellung zu manchen bereits vorgestellten Bibliotheken zurück; andere scheinen im »migrationsgeschichtlichen« Kapitel noch einmal, aber nicht mehr am ursprünglichen Ort, auf.

Das Arrangement dieses Buches beruht auch, im doppelten Sinn, auf *Bildern*. Das betrifft Bilder, die jüdische Bibliotheken in der zeitgenössischen Literatur und vor allem in Erinnerungen der ehemaligen Benutzer hinterlassen haben – entsprechende Zitate hebt der Text gesondert hervor. Zugleich geht es um den visuellen Eindruck, wie ihn die wiedergegebenen Fotografien vermitteln.

Auf die hier als Quelle aufgefassten Fotografien lassen sich Ansätze der historischen und theoretischen Bildforschung beziehen. Oft handelt es sich um Porträts, um – dies ist besonders bei Personen als Motiv offensichtlich – »inszenierte« Fotos. Einer solchen banalen Bemerkung ist vielleicht die »Not« des Fotografen entgegenzustellen. Nicht alle Eindrücke einer Szenerie lassen sich im Foto bannen. So kann die Inszenierung den Versuch bedeuten, auch Eindrücke, die jenseits des Ausschnitts liegen, doch mit in das Foto zu integrieren.[21] Nach wie vor ist Siegfried Kracauers Reflexion zur Erinnerungsfunktion und zum Erkenntniswert von Fotografien bedenkenswert: Demnach begreifen Fotos den Sinn, wie er in den Gedächtnisbildern bewahrt wird, selbst nicht mit ein.[22] Für eine Bildanalyse im Einzelnen böten Fotos wie das der eifrig-ernsten Leser in der Jüdischen Lesehalle in Berlin, die Fotomontage zur Grundsteinlegung des YIVO-Gebäudes, das Bild der Bücher verkaufenden Kinder im Warschauer Ghetto, und viele andere auf ihre Weise Stoff. Auf einer Ausstellung basierend,[23] geht die Darstellung zu einem guten Teil von der Ansicht solcher Bilder und der Neugier nach ihren historischen Hintergründen aus.

Insgesamt versteht sich also dieses Buch als Zusammenstellung und Zusammenführung heterogenen Materials: von Visuellem, Textuellem, Biographien, die sich als durch Bibliotheken geprägt lesen lassen, und von Forschungsarbeiten. Den oft nur Spezialisten bekannten bibliothekshistorischen Arbeiten verdankt dieses Buch viel.

So handelt es sich hier um eine bibliophile – um nicht zu sagen »bibliothe-kophile« – Darstellung, die in die allgemeineren Strukturen jüngerer jüdischer Geschichte eingebettet ist. Definitorisch wird, wie aus dem Vorangegangenen hervorgeht, der Begriff »jüdische Bibliothek« weit gefasst: Es geht um von jü-dischen Institutionen oder Privatpersonen nicht nur, aber gewöhnlich vorran-gig für jüdische Leser unterhaltenen Buchsammlungen, deren vielfältige Be-stände Hebraika und Judaika genauso umfassen konnten, wie jegliche Art anderweitiger Literatur, sei es jüdischer oder nichtjüdischer Autoren. Privat-sammlungen werden dabei in wenigen Beispielen nur insofern behandelt, als sie den Grundstock für meist wissenschaftlich orientierte, öffentlich zugäng-liche Institutionen bilden konnten.[24] Fraglos befinden und befanden sich be-deutende Sammlungen von Hebraika und Judaika auch in nichtjüdischen Bib-liotheken, in bedeutenden städtischen und in großen europäischen National- oder Universitätsbibliotheken. Im Sinne der thematischen Konzentration geht die Darstellung auf diese Bestände nicht vertiefend ein. Keinesfalls also will die-ser Band den Anspruch auf Vollständigkeit erheben.

Diese Publikation ist auch das Produkt vieler Gespräche. Der Direktor Dan Diner, die Mitarbeiter und die Gastwissenschaftler des Simon-Dubnow-Insti-tuts Leipzig haben Ideen und Anregungen beigesteuert. Gertrud Pickhan, An-dreas Reinke, Desanka Schwara und Stephan Wendehorst waren in der An-fangsphase mit wichtigen Informationen und weiterführender Literatur behilflich. François Guesnet und Martin Przybilski haben einzelne Passagen oder Kapitel durchgesehen. Vor allem Nicolas Berg und Tobias Brinkmann ha-ben große Teile des Manuskripts intensiv gelesen, viele wichtige und dankbar aufgenommene Anregungen und Korrekturen beigesteuert. Iris Thieme (Es-sen) hat die Anlage und den Stil des Buches ihren »fachfremden« und zugleich kühlen wie herzlichen Blicken unterzogen. Ihnen allen sei herzlich gedankt.

Ebenfalls danke ich für die hausinterne redaktionelle Betreuung, die in den Händen von Christoph Böwing lag. Bei der Literaturbeschaffung war Lutz Fiedler eine wichtige Hilfe. Wie üblich, liegt auch bei diesem Buch die Verantwortung des Manuskripts letztlich beim Verfasser.

Eine Darstellung zum Thema hätte ohne Bibliotheken selbst nicht entstehen können. Als mehr als nützlich erwies sich die noch junge, aber schon manche »Schätze« aufweisende Bibliothek des Simon-Dubnow-Instituts. Ihre Bibliothekarin Grit Wagner war mit einer Reihe von Hinweisen behilflich. Wichtige Beiträge zur Bibliographie verdanke ich auch der Germania Judaica, Köln, sowie dem email-gestützten Bibliographierangebot der School of Library, Archive & Information Studies der Hebrew University Jerusalem.

Eine Reihe weiterer Auskünfte und kleiner (bekanntlich also großer) Hilfen haben zu diesem Buch beigetragen. Ausdrücklich danken möchte ich: Esfir Bramson-Alpernien (Vilnius), Verena Dohrn (Hannover), Uta Haddad-Büchner (Berlin), Hermann Mayer (Jerusalem), Iris Nachum (Tel Aviv), Susanne Plietzsch (Basel), Silke Schaeper (Manchester), sowie dem Joseph-Carlebach-Institut der Bar-Ilan Universität (Ramat-Gan). Dank gilt auch allen Rechteinhabern für die freundliche Gewährung der Abdruckgenehmigungen.

1 Tradition, Moderne und Migration

Lesekultur im Shtetl:
Der Wanderbuchhändler als literarische und historische Figur

Eine charakteristische Figur der Lesekultur des *Shtetls* ist der Wanderbuchhändler. Im 19. Jahrhundert führten wandernde und fahrende jüdische Buchhändler im östlichen Europa religiöse Literatur mit sich. Zunehmend, aber oft noch insgeheim, versorgten sie ihre Leser auch mit weltlicher Literatur. Wohl nicht zufällig hat ein Autor des modernen jiddischen Romans, wie er im russischen Reich in den 1860er Jahren entstand, gerade diese Figur des Wanderbuchhändlers aufgegriffen. Offenbar eignete sie sich besonders, um zwischen der traditionellen Lebenswelt und den Herausforderungen der Moderne erzählerisch zu vermitteln. »Mendele Mojcher Sforim«, »Mendele, der Buchverkäufer« – das ist die überaus populär gewordene Erzählerfigur. Zugleich ist dies der Name, unter dem sein Autor einem weiten Publikum bekannt werden sollte: Schalom Jakob Abramowitsch wählte für einige seiner frühen Werke besagten »Mendele Mojcher Sforim« zur Hauptfigur. Damit schuf er ein überaus erfolgreiches literarisches Wesen, mit dem ihn seine Leser, in eigenwilliger Überlagerung von Autor und Erzählerfigur, identifizierten.[1]

So, wie die Literatur Abramowitschs letztlich für ihren realistischen Anspruch bekannt ist,[2] so dürfte der *literarische* Mendele einiges über die *historische* Figur des wandernden Buchhändlers, dem Ausgangspunkt moderner jüdischer Bibliotheksgeschichte im russischen Zarenreich,[3] vermitteln. Als *Erzähler* betreibt Mendele eine Wanderbuchhandlung, ein einfaches Planwagengespann, mit dem er durch die südrussischen Lande zieht. An den Markttagen der Kleinstädte und Dörfer findet er Abnehmer vor allem für religiöse Literatur (– denn für weltliche öffnet ja sein *Autor* selbst erst mit das Feld). Folgt man der Fiktion, dann bestand der Lesestoff seiner Kunden aus »den notwendigen Siebensachen zum Weinen«:

»Kaum wärmt die Sonne, und der Sommer bricht ins Land, die Menschen sind wie neugeboren, und ihre Herzen weiden sich beim Anblick von Gottes schöner Welt – schon beginnt für Juden die eigentliche Trauerzeit, Klagen und Weinen. Das ganze Harmregister: Fasten, Kasteien, Jammern und Zetern, von Pejssach bis weithin in den Schlamm und die nasse herbstliche Kälte. Dann eröffnet sich für mich, Mendele den Bücherhändler, der große Jahrmarkt, ich arbeite, kutschier beständig herum, damit die Juden in allen Städtchen mit den notwendigen Siebensachen zum Weinen versorgt sind: mit Klageliedern, Bußgebeten, Frauengebeten in Jiddisch, Grabgebeten, mit Widderhornposaunen und Gebetbüchern für sämtliche Festlichkeiten. Also, die Juden klagen, verweinen den Sommer, und ich mach derweil Geschäfte. Aber nicht davon will ich erzählen.«[4]

So steht am Anfang des modernen jiddischen Romans, entstanden in der »Frühlingszeit jüdischen Daseins hier bei uns im Lande«[5], ein ironisierender, aber einfühlsamer Blick auf die Lese-

Eine »Mendele«-Postkarte, die das stürmische Aufeinandertreffen der beiden Buchverkäufer »Mendele« und »Alter« illustriert, wie es im Eingangskapitel von Mendele Mojcher Sforims Roman »Fischke der Lahme« beschrieben ist.

Mendele Mojcher Sforim (»Mendele der Buchverkäufer«, Pseud. von Schalom Jakob Abramowitsch, 1835–1917) als Motiv einer Postkarte.

bedürfnisse des jüdischen Volkes. Moderne jiddische Literatur etablierte sich hier in Reflexion traditioneller Lektüren. Trifft Walter Benjamins Analyse über die Formen des Erzählens ebenfalls für diese Lebenswelten osteuropäischer Juden zu, dann ist die Entstehung auch der modernen jiddischen Fiktion, insbesondere in Form des Romans, Indikator gesteigerter sozialer Komplexität, Individualität und problematisierter Identität.[6]

Jene »Frühlingszeit jüdischen Daseins« – das ist das durch neue geistige Strömungen, vor allem von aufklärerischen Gedanken und von Optimismus genährte Gefühl des Aufbruchs, das viele aus der Generation Abramowitschs verspürten; »bei uns im Lande« – das ist aber auch der politische und rechtliche Rahmen des Ansiedlungsrayons im russländischen Reich. Nach den Teilungen Polens war die Mehrzahl osteuropäischer Juden unter russische Herrschaft gekommen; Gesetze beschränkten die Niederlassung, von Ausnahmen abgesehen, auf die westlichen Provinzen des russländischen Reiches. 98 Prozent der hier lebenden vier, um 1900 fünf Millionen Juden sprachen Jiddisch. In die Ära Zar Nikolaus I. fallen eine Vielzahl von Erlassen, die Juden über die bereits bestehenden Bestimmungen hinaus der Rechtlosigkeit und Einschränkung ihrer Bewegungs- und Sprachenfreiheit aussetzten. Zugleich reifte aber auch bei den *Maskilim*, Anhängern der jüdischen Aufklärung *(Haskala)*, die Hoffnung auf eine bessere Zukunft und auf Freiheit heran.[7] Diese Hoffnung basierte auf der Bejahung von weltlicher Bildung, von Reformen und modernen Möglichkeiten. Die Grundhaltung der Aufklärer traf durchaus auf das Wohlwollen der russischen Obrigkeit, die Juden beispielsweise nun den Zugang zu höheren Bildungseinrichtungen ermöglichte. Bedeutete dies keineswegs die Freiheit von Repression, so sahen die Maskilim bis zum Ende der 1870er Jahre, vor allem unter der vergleichsweise liberalen Herrschaft von Zar Alexander II., die jüdische Aufklärung und die Reformen im Zarenreich als den Anfang eines vielversprechenden Weges.[8]

Haskala und Bibliothekskultur des Shtetls – Das Beispiel Simon Dubnow

Eine reiche, auch autobiographische Literatur porträtiert den »Maskil als jungen Mann«. Jüdische Autoren aus Russland (einschließlich der baltischen Länder) oder etwa dem habsburgischen Galizien berichten in dieser Literatur über die Erfahrung einer traditionellen religiösen Erziehung, mit der sich der eigene Drang nach säkularer Bildung nicht vereinbaren ließ. Seit Ende des 18. Jahrhunderts hatte die jüdische Aufklärung Anhänger gefunden. Über Jahrzehnte hinweg wechselten die Schwerpunkte der kleinen Zirkel von Maskilim; stets rieben sie sich an den traditionellen, vor allem durch religiöse Observanz geprägten Lebenswelten, die sie an moderne Entwicklungen heranzuführen suchten. In diesem Spannungsfeld stehend, berichten Autoren der Haskala vom Konflikt in der Familie, von der Wirkung aufklärerisch geschulter Vorbilder, von der Bedeutung größerer Städte und ihres geistigen Klimas, und nicht zuletzt von Büchern. Bestimmte Bücher werden immer wieder als Auslöser für die Hinwendung zu einer neuen, durch umfassende Bildung geprägten Welt beschrieben.[9]

Bibliotheken sind in diesem Kontext vor allem Orte der individuellen Emanzipation. Als solche waren sie, im Shtetl, notgedrungen zunächst oft improvisiert und wurden vor der Gemeinde verborgen. Haskala-Literatur, davon berichten viele Quellen, musste zunächst meist heimlich gelesen werden. Bibliotheksgeschichtlich interessant und in mancher Hinsicht charakteristisch für eine Generation junger ostjüdischer Aufklärer des letzten Drittels des 19. Jahrhunderts sind in diesem Zusammenhang die Memoiren Simon Dubnows. Als eine von *Häusern des Buches* gesäumte Biographie lässt sich Dubnows Lebensweg, der ihn zu einem der bedeutendsten Historiker jüdischer Geschichte werden ließ, lesen.

Eine prägende Erfahrung der Kindheit war für Dubnow der frühe Kontakt mit der religiösen Literatur. In der Synagoge seiner weißrussischen Heimatstadt Mstislawl lehrte der Großvater Dubnows als Talmudgelehrter; seine Vorlesungen nach dem Frühgottesdienst waren wegen ihrer klaren und schlichten – was nicht selbstverständlich war – Analyse der oft schwierigen Texte und Kommentare beliebt und zogen eine Reihe von Zuhörern auch aus anderen Städten an. Nach diesem frühen, unbeschwerten Kontakt mit der Größe und Tiefe der Religion kamen die Pflichtjahre im *Cheder*, die intellektuellen Genuss, aber auch Qualen bedeuten konnten:

»In kurzer Zeit lernte ich hebräisch lesen […]. Dann ging es an das Studium des Chumesch nach der alten Methode: jedes Wort wurde mit Hilfe des Lehrers sofort in das uns geläufige Jiddisch übersetzt. Das Buch der Genesis bezauberte mich. Meine Phantasie wanderte durch Aram, Kanaan, Mizraim, durch die Zelte Abrahams und die Weideplätze Jakobs. Sie folgte Joseph nach Ägypten und Moses in die Sinai-Wüste. Ich lebte in einer fernen und doch mir nahen Welt. […] Aber als ich, um in den Talmud eingeführt zu werden, nach anderthalb Jahren in eine andere Schule gegeben wurde, erkannte ich, daß das Cheder-Leben zu einer ägyptischen Sklaverei werden kann. Mein neuer Rebbe, ein kleiner, kurzsichtiger Mann, ging mit den Schülern höchst unsanft um. Von neun Uhr morgens bis acht Uhr abends mit nur einstündiger Mittagspause hielt er uns Kinder im Alter von acht und neun Jahren, im Sommer und im Winter, in einer engen Stube eingepfercht und zermarterte unsere Köpfe mit einer Weisheit, die unserem Verständnis unzugänglich sein mußte.«[10]

Wie befreiend wirkte demgegenüber die Lektüre eines Buches, das sich in der Bibliothek des Großvaters fand: »Josiphon«, eine populäre Umarbeitung der Bücher des Flavius Josephus. Dem jungen Dubnow eröffnete es die Welt des Alten Orients, der Griechen, Römer, Hasmonäer und anderer Völker des Altertums. Ähnlich war es, als ihm im Alter von zehn Jahren erneut ein Buch in die Hände fiel – diesmal eines der Aufklärungsliteratur, »jener verbotenen *Haskalah*, gegen die alle Anhänger der jüdischen Frömmigkeit und Überlieferung wetterten«[11]. Besagtes Buch stammte aus einer geheim gehaltenen Sammlung seines älteren Bruders. Von ihm bekam Simon Dubnow nun eine weltliche, hebräische Reisebeschreibung Palästinas geschenkt. Er entdeckte bald weitere historische und zeitgenössische, aufklärerische Romane, die vom »neuen Menschen« im Judentum kündeten.

Die insgeheime, mit innerer Aufruhr einhergehende Lektüre von Haskala-Literatur ist ein in Autobiographien häufig beschriebenes Thema; Abramowitsch hat es in einem seiner ersten Werke verarbeitet.[12] Berichtet wird bisweilen von der schmerzhaften Erfahrung der Vernichtung »verbotener« Bücher durch orthodoxe Gemeindemitglieder, vor allem von Schwierigkeiten, an solche Werke überhaupt heranzukommen. Nicht selten diente ein einziges Exemplar eines hebräischen Romans allen interessierten Lesern einer Kleinstadt.[13]

Ein Lehrer (Melamed) und seine Schüler im Cheder, Lublin. Foto aus dem Jahr 1924 von Alter Kacyzne.

Simon Dubnow in
St. Petersburg, 1883.

Nach seiner Zeit in der Elementarschule zog
es Simon Dubnow, zusammen mit anderen
Gleichaltrigen aus der Jeschiwa, als nach außen
hin talmudbeflissenen Jüngling weg von den alten Traktaten und hin zur modernen Literatur.
Dubnow berichtet von einem wahren »Bücher-
paradies«:

»Damals hatte ich nämlich in unserer Stadt ein ge-
heimes Lager moderner Literatur entdeckt und
war der Zulassung zu ihm für würdig befunden
worden. [...] Vor lauter Begeisterung erfaßte
mich jedesmal ein Schauer, sobald ich am Frei-
tagmittag in das geheimnisvolle Hinterzimmer
Leibes eintrat und vor mir auf den Wandbrettern
die heiligen Haskalah-Bücher erblickte. [...] Der
Hausherr erlaubte uns anfänglich die Lektüre nur
in seinem Bibliothekszimmer und schloß hinter uns vorsorglich
die Türe ab; doch später borgte er mir Bücher auch nach Hause.«[14]

Heimlich las Dubnow Schriften der neuen jüdischen Publizistik
und moderne hebräische Poesie. Da sich nicht sämtliche Wissenschaften auf Hebräisch erschließen ließen, lernte er aus eigenem
Antrieb Russisch, las Klassiker wie Puschkin, Gogol, Turgenjew.
Mit dem Erlernen der französischen Sprache verband er das eu-
phorische Gefühl, einen noch weiteren Zugang zur europäischen
Literatur gefunden zu haben. Immer wieder stillten Bibliotheken
das Wissens- und Lesebedürfnis. Wie für viele Aufklärer waren
Städte für Dubnow bedeutende Stationen.[15] Die im Alter von siebzehn Jahren begonnenen »Wanderjahre« führten ihn in die Stadt-
bücherei von Dünaburg, um die Aufnahmeprüfung am dortigen
Realgymnasium zu schaffen, später in die Bibliothek von Smo-
lensk und somit erstmals in eine Stadt außerhalb des Ansiedlungsrayons. Hier las er Cicero, Xenophon, Ovid, Vergil, Homer
und Herodot; seine moderne Weltanschauung wurde durch Com-
tes Positivismus und Mills Traktat »Über die Freiheit« beeinflusst.
Und dann, als Höhepunkt, St. Petersburg, »in die Stadt der Schrift-
steller und Gelehrten, der Hochschulen und der berühmten Kai-
serlichen Bibliothek«, deren eifriger Besucher er wurde.[16] Frei-

lich war dies erst möglich, nachdem ihm Vertraute ein fiktives Handwerkszeugnis ausstellten, die Petersburger Polizei bestachen und so einen unbehelligten Aufenthalt ermöglichten.

Eine solche Biographie, geprägt vom Durst nach säkularer Bildung, der nur durch den Besuch weltlicher, auch nichtjüdischer Bibliotheken zu stillen war, ist charakteristisch für eine Generation, die ihrerseits neue Literatur verfasste[17] und maßgeblich die Entstehung eines öffentlichen Bibliothekswesens beeinflusste.

Öffentliche Bibliotheken im Kontext von Politisierung und Radikalisierung

In den Städten hatten jüdische Buchhandlungen eine dem Wanderbuchhändler ähnliche Funktion. Die ärmeren Kunden dieser Buchhandlungen liehen die Bücher gegen Gebühr aus. Bei weiblichen Lesern waren Erzählungen beliebt, deren Erwerb aufgrund der hohen Auflage nur zwei oder drei Kopeken kostete. So deckten diese Buchhandlungen den Lektürebedarf der Mehrheit der jüdischen Bevölkerung, die nur Jiddisch lesen konnte. Aber die verkaufte oder ausgeliehene Literatur wurde belächelt oder stand in Verruf. Orthodoxe Juden, so heißt es in einer Quelle, sahen die meist für den Sabbat ausgeliehenen populären Erzählungen (*Mayse-Bikhlekh*) als wertlosen, aber harmlosen Lesestoff an, geeignet, um von »ungebildeten, dummen Frauen« gelesen zu werden. Jüdische Sozialisten hielten die in diesen Büchereien angebotene seichte Literatur schlicht für »*Shund*«.[18]

Jüdische Sozialisten gründeten seit den 1870er Jahren eigene Bibliotheken, die zunächst geheim operieren mussten. Überhaupt gingen von der jüdischen Arbeiterbewegung wichtige Impulse für Bibliotheksbegründungen aus, wenngleich sich diese im Ansiedlungsrayon erst um die Jahrhundertwende als eine öffentliche, weltliche Institution für die Massen verbreiten konnten. Diese Entwicklung fällt in den Zusammenhang von Industrialisierung und Proletarisierung, die noch unter Zar Alexander II. zunehmend auch die Juden erfasste. Schon in dieser Ära begann die Auswanderung russischer Juden, die sich seit den 1880er und vor allem seit den 1890er Jahren zu einem »jüdischen Exodus« ausweitete. Bis zum Ersten Weltkrieg verließen rund 2,5 Millionen Juden das östliche Europa. Für die meisten von ihnen war das Ziel Amerika. Einer der Anlässe für die russischen Juden war die Welle von Pogromen in den Jahren 1881–1882. Auch danach kam es immer wieder zu Verfolgungen. Wichtige Motive für die Auswanderung waren das immense Bevölkerungswachstum, zunehmende Armut und wirtschaftliche Härten.[19] Im Zarenreich untersagten Gesetze nun die Neuansiedlung im ländlichen Raum. Bildungsmöglichkeiten an staatlichen Einrichtungen wurden für Juden eingeschränkt, der Zugang zu bestimmten Berufen verwehrt. In den Städten entwickelte sich eine industrielle, proletarische Arbeiterschaft. Jüdische Bibliotheken entstanden jetzt in diesem städtischen Kontext. Ihre Initiatoren waren geprägt von der Zerstörung der traditionellen jüdischen Sozialordnung, dem Scheitern der Hoffnungen auf ein Ende der rechtlichen Ungleichbehandlung und durch die Politisierung in den sozialistischen und zionistischen Bewegungen.[20]

Die so genannten »Zirkel« *(Kruzhok)* stellten eine jüdische Reaktion auf die sozialen Fragen dieser Zeit dar. Weil sich die Mitglieder der Zirkel als Teil der als gesamtrussisch aufgefassten sozialen und politischen Probleme verstanden, wurde als Medium der Agitation Russisch gewählt. Die in Städten wie Odessa, Minsk, Wilna, Kovno oder Warschau gezwungenermaßen geheim operierenden, aus *Intelligencija* (Absolventen russischer Schulen und Universitäten) und Arbeitern gebildeten Gruppen verfolgten das Ziel, Agitatoren für die russische Arbeiterschaft auszubilden. In einer Art sozialistisch gewendeter Haskala verstanden sich die Zirkel vor allem als Bildungsinstitutionen. »Hilfreich« war für sie die von der russischen Obrigkeit veröffentlichte Liste kritischer Autoren, deren Bücher zwar von (vermögenden) Privatleuten, nicht aber für Leihbibliotheken angeschafft werden durften. Diese Liste hatte den Effekt, dass gerade sie zur Literaturauswahl für die verborgenen Zirkel-Bibliotheken herangezogen wurde.[21]

Die Maskilim hatten stets nur eine kleine Gruppe der russischen Juden ausgemacht. An Bildung und Assimilation orientiert und gewöhnlich der russifiziert-jüdischen Mittelschicht angehörend, war es ihnen weitgehend nicht gelungen, die Jiddisch sprechenden Massen zu erreichen. Auch die Zirkel blieben aufgrund ihres Ansatzes, zunächst nur wohlausgebildete Agitatoren heranzuziehen, ohne größeren Anhang. Anders verhielt sich dies mit den Einrichtungen der *Kassy* (Solidaritätskassen), gewerbespezifischen, zunftähnlich organisierten Arbeitervereinen. »Gute« Arbeiter waren an der Verbesserung ihrer Situation durch Wissen und Bildung interessiert. Deshalb hatten die Kassy-Bibliotheken ein entsprechendes Angebot bereitzustellen. Ihre Betreiber hatten dabei offenbar das Modell proletarischer Massenbibliotheken in Westeuropa vor Augen.[22] Weil auch dieser Typ von Bibliotheken im Zarenreich nicht genehmigt war, fand beispielsweise der Austausch der Bücher in Dvinsk auf der Hauptstraße, im Hof der Synagoge oder auf der Galerie des russischen Staatstheaters statt. Bibliothekare mussten die Literatur zu Hause aufbewahren und wissen, wie sie im Verborgenen zu operieren hatten. Zu ihren »erzieherischen Pflichten« gehörte die offenbar stereotype Frage an den Leser, was denn der Autor des gelesenen Buches mit seinem Werk sagen wolle.[23]

Über die Etablierung der »Jargon«-Bibliotheken vollzog sich die Entwicklung hin zur Institution für die Jiddisch sprechenden Massen. In den 1890er Jahren erschien verstärkt Literatur mit radikalen Inhalten in Jiddisch und auch europäische Klassiker wurden ins Jiddische übersetzt. Einflussreich war hier eine jüngere Generation von Aktivisten, die eine traditionelle religiöse Erziehung erfahren hatte und nicht in den Genuss einer weiterführenden russischen Bildung gekommen war. Als so genannte *Polu-Intelligencija* (»Halb-Intellektuelle«) vermittelten sie zwischen den älteren Intellektuellen und der jüdischen Arbeiterschaft. Ein Ausdruck der neuen Bildungspolitik war das von der jüdischen sozialdemokratischen Gruppe organisierte Jargon-Komitee, das von 1893 bis 1898 in Wilna existierte. Das Komitee förderte unter anderem die Einrichtung von Arbeiterbibliotheken im Shtetl und die Edition wissenschaftlicher Literatur für jüdische Arbeiter in Jiddisch. Für die zunächst improvisierte Bibliothek in Wilna schaffte das Jargon-Komitee gezielt anspruchsvolle Literatur an. Hier fanden sich nun die Werke von Autoren, die das Jiddische zur Romansprache gemacht hatten – Mendele Mojcher Sforim, Scholem Aleichem und Yitzkhok Leybush Peretz – neben neueren Arbeitererzählungen. Aus der Ferne wirkte Amerika zurück, sei es durch Adaptionen von »Onkel Toms Hütte« oder die Schriften emigrierter, amerikanisch-jiddischer Autoren.[24]

Offenbar im Kontext der sich über Jahre hinziehenden russischen Vereinsgesetzgebung, die 1904 in den Erlass einer Mustersatzung mündete, erhielten Vereine unter anderem die Berechtigung, Bibliotheken und Lesestuben einzurichten.[25] Seit der Jahrhundertwende konnten jüdische Bibliotheken, so sie offenbar bestimmte Kriterien erfüllten, legal unterhalten werden. Der 1897 in Wilna gegründete Allgemeine Jüdische Arbeiterbund, kurz »Bund«,[26] konkurrierende zionistische Organisationen, sowie einzelne jüdische Gemeinden förderten nun die Verbreitung von Bibliotheken als öffentliche Einrichtungen. 1904 zählte eine Erhebung der Gesellschaft zur Verbreitung der Aufklärung unter den Juden Russlands 105 solcher Bibliotheken.[27] Einer 1914 in Wilna veröffentlichten Statistik zufolge existierten zu dieser Zeit im Ansiedlungsrayon (neben 350 nicht näher spezifizierten Sammlungen) etwa 300 offizielle und 300 inoffizielle jüdische Bibliotheken.[28]

Migration: Das Beispiel New York

Die amerikanisch-jüdische Erfahrung ist über Migration mit der osteuropäischen jüdischen Geschichte verbunden. Auch hier war das zentrale Problem der Einwanderung die Einführung und das Einfühlen in die neue Umgebung. Bibliotheken haben diesen Prozess unterstützt. Ein in dieser Hinsicht besonders beeindruckendes Beispiel ist das der New Yorker Bibliotheken für osteuropäisch-jüdische Einwanderer um 1900.[29]

Osteuropäische Juden stellten etwa ein Viertel des anschwellenden Zustroms von Immigranten, den New York City um die Jahrhundertwende erlebte. Aus dem russländischen Ansiedlungsrayon, aus dem habsburgischen Galizien und aus Rumänien gelangten zwischen 1881 und 1890 rund 135 000, im Jahrzehnt darauf doppelt so viele Juden nach New York. In dem halben Jahrhundert von 1870 bis 1920 ließen sich mehr als eine Million Juden in der Stadt nieder.[30]

Die zeitgenössische Sichtweise und einige darauf aufbauende
»Mythen« neigten dazu, den Prozess der Ansiedlung und Akkulturation der jüdischen Neueinwanderer in New York auf einige
wenige Formeln zu verkürzen. Demnach siedelten sich die
schlicht *Russian Jews* genannten Neuankömmlinge vor allem in
der Lower East Side an, wo sie das zeitgenössisch von ihnen selbst
so benannte »Ghetto« zwischen City Hall, Fifth Street, Bowery
und East River bewohnten.[31] Die Wirklichkeit war wie in so vielen Fällen komplexer. Fraglos pulsierte aber in der Lower East
Side um die Jahrhundertwende das Leben der jüdischen Einwanderer. Für einen Journalisten der *Evening Post* war dies 1903 der
Anlass für eine Momentaufnahme, die unter dem Titel »Jew Babes at the Library« erschien.[32] Die in diesem Artikel beschriebene
Zweigstelle der Stadtbibliothek lag am Chatham Square, inmitten
der seinerzeit orthodox dominierten Lower East Side. 1895 war
die städtische New York Public Library gegründet worden. Bereits
1886 hatten New Yorker Juden die Aguilar Library eröffnet, die
1903 mit ihren mittlerweile vier Zweigstellen in den Verband der
New York Public Library überging.[33] Die Stadtteilbibliothek am
Chatham Square, die grundsätzlich für alle Leser offen war, war
nun eine Art »jüdische Zweigstelle« der New York Public Library.
Benutzt wurde sie vor allem von Schulkindern. »The Jewish child
has more than an eagerness for mental food; it is an intellectual
mania«, berichtete der Artikel in der *Evening Post*. Nach Schul-
schluss um drei Uhr nachmittags verzeichnete die Bibliothek den
größten Ansturm. Insgesamt 15 000 Leser zählte die Zweigstelle.
Die jüdischen Leser stellten die größte Benutzergruppe, gefolgt
von einer kleineren Zahl Lesern italienischer, chinesischer oder
anderer Herkunft. Eintausend Bücher in englischer Sprache pro
Tag betrug die Ausleihe.[34] Die Stadtteilbibliothek am Chatham
Square war diejenige mit der höchsten Ausleihfrequenz an historischer und wissenschaftlicher Literatur. Zugleich hob der Zei-
tungsartikel die »strong race bias« der von den jungen jüdischen
Lesern bevorzugten Bücher hervor:

»There is probably no other circualting library where the *Bible* goes out like the last novel. The Chatham branch has a shelfful of *Bibles*, which, with books of Bible stories, are a favourite ›call‹ for Friday night. It is probably the only library where copies of the *Bible* go out to fashionably dressed young women.«

Noch stärker gefragt war eine Geschichte mit dem Titel »The Story of the Chosen People«. An zweiter Stelle lag »Uncle Tom's Cabin« – für den Journalisten einleuchtend, denn »[as] the story of an oppressed race it strikes a responsive chord in the Jewish child«. Die wahren, realen Helden waren für die Kinder aber die Bibliothekare:

»The librarians are a constant source of astonishment to the children. A peculiar cordial spirit pervades the building. [The] children love them all, write them fervid letters of adoration, make them presents, and run their errands. And that the objects of so much sincere admiration should be Christians puzzles their small heads.«

Tatsächlich muss diese Bibliothek für viele ihrer jugendlichen Nutzer eine Art »zweite Heimat« gewesen sein. So wusste der Journalist der *Evening Post* über eine sprachliche Besonderheit zu berichten: Sagte einer der jungen Leser »He's come to be joined into the library«, so war das im lokalen Idiom die akzeptierte Form, einen neuen Freund vorzustellen.[35]

Die Educational Alliance

Unter amerikanischen Bibliothekshistorikern gab es in den 1970er Jahren Streit darüber, ob die amerikanische öffentliche Bibliothek historisch eine egalitäre, demokratische Einrichtung gewesen sei, oder ob es sich hierbei nicht eher um eine elitäre und autoritäre, auf Konservierung des Status der älteren Einwandergesellschaft ausgerichtete Institution gehandelt habe.[36] Eine ähnliche Kontroverse um die Bildungs- und Akkulturationsfrage, die in der Literatur noch länger nachwirkte, belastete um 1900 das Verhältnis zwischen der älteren jüdischen Bevölkerung New Yorks und den neu eingewanderten osteuropäischen *coreligiona- lists*. Dieses Aufeinandertreffen förderte die innerjüdische Stereotypenbildung. Da war einerseits die ältere Generation der amerikanisierten und arrivierten New Yorker *German Jews*, die geographisch wie sozial *uptown* lebten. Ihr Judentum wollten sie im Sinne nicht mehr und nicht weniger einer Konfession verstanden wissen. Andererseits gab es das Bild vom *downtown* lebenden »russischen« Juden: Arm, dreckig, körperlich schwach, laut, unzivilisiert, so lauteten die Attribute. Gut situierte Amerikaner, die sich vorwiegend als Reformjuden verstanden, stießen auf osteuropäische Neuankömmlinge, die des Englischen zunächst nicht mächtig, weitgehend auf körperliche Arbeit in Ausbeutungsbetrieben (den *sweatshops*) angewiesen, und in der Mehrzahl streng orthodox waren. Diese demographischen und sozialen Veränderungen gingen nicht ohne die hierfür typischen gegenseitigen Unterstellungen und Proteste vonstatten. Die erfolgreiche Integration der jüdischen Immigranten aus der »Alten Welt« war in einem hohen Maße von Initiativen auf dem Bildungssektor abhängig.

Inbegriff dieser Bemühungen war die Educational Alliance, eine kuriose Mischung aus Abendschule und sozialem Kulturzentrum,[37] die ihren Hauptsitz am East Broadway hatte. Bedeutenden Anteil an der Gründung der Educational Alliance hatte ein Verein, der von der älteren Generation der bereits um die Mitte des 19. Jahrhunderts eingewanderten New Yorker Juden unterhalten wurde und der sich selbst dem Bibliothekswesen verschrieben hatte: Die Aguilar Free Library Society.[38] Zusammen mit den Bildungsvereinen YMHA (Young Men's Hebrew Association) und der Hebrew Free School Association gründete die Aguilar Free Library Society wenige Jahre nach ihrem eigenen Entstehen die Educational Alliance. Seit ihrer Etablierung 1893, mitten in der Lower East Side, sorgte diese Einrichtung für Aufsehen und verstand sich bald selbst als »immigrant's university and club«. Wichtigstes Angebot waren die vielfältigen Formen kostenfreien Unterrichts. Innovativ waren die in einer Reihe von Häusern tagsüber angebotenen Englischklassen, so dass diese

Schulstunde der Educational Alliance in einer Bibliothek in der Lower East Side, New York, ca. 1898.

auch von Nachtarbeitern besucht werden konnten. Die öffentlichen Schulen New Yorks, die zunächst nur Abendveranstaltungen anboten, griffen diese Anregung sowie weitere, von der Educational Alliance erfolgreich erprobte Modelle, gerne auf.[39]

Die Abendklassen der Alliance zählten nicht selten 500 Hörer. Besonderes Gewicht legte die Leitung auf den Unterricht für die Immigrantenkinder, der nach dem Besuch von Vorbereitungskursen, ein halbes Jahr nach ihrer Ankunft begann. »Little aliens« sollten zu »little citizens« gemacht werden.[40] Legendär sind die Erfolge des Bildungsexperten Henry M. Leipziger. Unter seiner Leitung boten die Educational Alliance und die New York Public Schools gemeinsam die berühmte »free lectures series« für Berufstätige an. Auf dem Höhepunkt dieses Bildungsprogramms im Jahre 1905 besuchten 1,25 Millionen Hörer 3 000 derartige freie Vorlesungen.[41]

Das Programm der Educational Alliance war nach der Selbstbeschreibung »of an Americanizing, educational, social, and humanizing character«. Am doppelten Charakter dieser erzieherischen Absicht entzündete sich die Kritik der Neueinwanderer. »The Alliance represented a tangible embodiment of the German Jew's desire to help, to uplift, to clean up and quit down their ›co-religionists‹.«[42] Junge Schüler beschwerten sich über zu unsanftes Vorgehen bei der »Amerikanisierung«, ältere Orthodoxe über fehlenden Respekt vor ihrer Tradition und über Neuerungen des Religionsunterrichts. Gegen das bürgerliche Establishment, dem die Leitung der Alliance angehörte, setzten ostjüdische Intellektuelle eine sozialistische Gegengründung, die aber bald scheiterte. Letztlich behauptete sich die jeder Welle neuer Immigranten gewachsene Logistik der Educational Alliance gegenüber allen Anfeindungen. Ihre Leiter lebten mit ihrem Idealismus nicht in der Welt ihrer »Schüler«. Nicht zuletzt entsprach aber das Angebot dem Wunsch nach Bildung. Letztlich nahmen die Neueinwanderer selbst großen Einfluss auf das Programm des »Palace of Immigrants«; nur so erklärt sich der enorme Zuspruch.[43] Neben den Unterricht der neuen Sprache, neben die Vermittlung amerikanischer Geschichte und amerikanischer Werte traten Angebote zur Pflege der mitgebrachten Tradition. So bildete sich ein Brücke zwischen »West« und »Ost«, die in einen amerikanischen Hafen führen sollte.[44]

Im Bildungsangebot der Educational Alliance und der mit ihr verbundenen Institutionen waren besonders die Bibliotheken beliebt. Offenbar lag dies an der individuellen Freiheit der Benutzung. Der Leseraum der Alliance-Zentrale am East Broadway, der zugleich Teil der Aguilar Library war, hielt ausländische, nicht zuletzt jiddische Literatur und englischsprachiges Lehrmaterial bereit. Nach einer Schätzung wurde er täglich von über tausend Lesern frequentiert. Der Benutzer Joseph Rolnick, Arbeiter und im Nebenberuf Literat, schätzte die Ruhe und angenehme Wärme des Lesesaals:

»Sunday mornings I would go to the Alliance and there finish the poem. In the large reading room I often dozed off, together with others who grew sleepy from the warmth. The librarian used to walk up and down waking the sleepers [...] but I learned to hear her steps before she came near my chair.«

Morris Raphael Cohen, ein Leser, dessen Eltern die Angebote der Educational Alliance in Jiddisch wahrnahmen, besuchte selbst die Aguilar Free Library, um dabei mehr als nur mit dem Englischlesen zu beginnen:

»It was there that I first met Thomas Davidson who became the light of my life and of my intellectual development. […] A window of my life opening on the soul-strengthening vista of humanity will always be dedicated to the Educational Alliance.«[45]

Jüdische Bibliotheken in Polen zwischen den Weltkriegen

Die jüdischen Bibliotheken, die seit dem Ende des 19. Jahrhunderts im russischen Ansiedlungsrayon als öffentliche Einrichtungen entstanden waren, verbanden die traditionelle jüdische Liebe zum Lernen und zur Bildung mit der Entstehung eines modernen politischen Bewusstseins. Zumindest ein Teil dieser Bibliotheken konnte nach der Jahrhundertwende legal operieren. Meist wiesen diese Einrichtungen auch einen hohen Anteil an fiktionaler Literatur auf; ihrem Charakter nach waren sie Volks- und Bildungsbibliotheken. Nach dem Ersten Weltkrieg fand diese Entwicklung in Polen eine beeindruckende Fortsetzung.

Nach der Staatsgründung und mit den Erweiterungen seines Territoriums im polnisch-sowjetischen Krieg und im polnisch-litauischen Konflikt lebten in Polen in der Zwischenkriegszeit über drei Millionen Juden – die zu dieser Zeit größte jüdische Bevölkerungsgruppe weltweit. Die Juden in Polen wurden nun in der internationalen Terminologie als eine *nationale Minderheit* angesehen, genauso wie weitere nicht-polnische Ethnien (neben Juden ca. vier Millionen Ukrainer, 1,5 Millionen Weißrussen, eine Million Deutsche und 100 000 Litauer), die insgesamt etwa ein Drittel der Bevölkerung Polens ausmachten. Ähnlich wie andere europäische Staaten, die nach dem Ersten Weltkrieg neu entstanden waren oder ihr Territorium vergrößert hatten, hatte Polen im Zusammenhang mit dem Versailler Vertrag (1919) auch einen Minderheitenschutzvertrag unterzeichnen müssen. Die Alliierten hatten hiervon die diplomatische Anerkennung Polens abhängig gemacht. Entsprechend untersagte die polnische Verfassung jegliche Diskriminierungen der nicht-polnischen Nationalitäten und sah deren Kulturautonomie vor. Von Beginn an betrachtete die polnische Politik die Auflage des Minderheitenschutzes aber auch als Eingriff in die eigene Souveränität. 1934 kündigte Polen den Minderheitenschutzvertrag auf.[46]

Die Juden in Polen sahen sich mit der Polonisierung durch den jungen, das Nationale betonenden Staat bei einem gleichzeitig starken Antisemitismus konfrontiert. Insbesondere in den Entstehungsjahren des Staates ereigneten sich antijüdische Übergriffe und Pogrome; und nach dem Tod Staatspräsident Piłsudskis im Jahr 1935 wurden in der polnischen Politik faschistische Tendenzen spürbar. Juden waren durchgängig ökonomischer Diskriminierung ausgesetzt.[47] Die politischen Hoffnungen, die jüdische Parteien mit den Garantien der Verfassung verbanden, wichen zunehmend der Desillusionierung. Bibliotheksgeschichtlich sind die untereinander konkurrierenden jüdischen Parteien und Organisationen Polens deshalb von großer Bedeutung, weil sie, jenseits des eigentlich Politischen, wichtige Funktionen im Bereich

Clubraum und Bibliothek eines Waisenhauses in Pinsk, das von »Centos«, einer jüdischen Gesellschaft für Kinderhilfe, unterhalten wurde.

der Bildung und der Kultur übernahmen. Zum Teil ergänzten sie ältere Formen der Gemeindeaktivitäten oder lösten sie ab. Insbesondere die jüdischen Jugendorganisationen vermittelten einer jungen Generation den Sinn von Bildung und Selbststudium, zusammen mit der Idee einer besseren Zukunft.[48] Trotz und zum Teil auch wegen aller Schwierigkeiten entfaltete sich eine florierende jüdische Kultur. Neben die religiösen Institutionen des Lernens und der Bildung trat eine säkulare jüdische Nationalkultur. So gilt die Zwischenkriegsperiode als Blütezeit der polnischen Judenheiten. Das trifft auch für das öffentliche Bibliothekswesen zu. So urteilt David Shavit, der profundeste Kenner dieses Themas: »Indeed, the library was the most important secular institution in town. It was the center of Jewish youth life, no less than the synagogue was the center of the religious life.«[49]

Die jüdischen Jugendlichen im Polen der Zwischenkriegszeit sahen sich bereits als erwachsen an. Es war üblich, sich einer bestimmten Organisation anzuschließen. Solche Organisationen bedeuteten so etwas wie Heimat. Der Bundismus und der Zionismus waren die wichtigsten Bewegungen. Der Zionismus betonte das moderne Hebräisch und hatte als politisches Fernziel die Ansiedlung der Diaspora-Juden in Palästina; der Allgemeine Jüdische Arbeiterbund, kurz »Bund«, bediente sich des Jiddischen als Medium und trat für die national-kulturelle Autonomie in den osteuropäischen Siedlungsgebieten sowie für den internationalen Sozialismus ein.[50] Gewisse Überschneidungen dieser Richtungen wie etwa in der sozialistisch-zionistischen Partei *Po'alei Tsion* reflektieren die Vielschichtigkeit der politischen Strömungen.

Auch die jüdische Jugend orientierte und organisierte sich innerhalb dieses Spektrums. Nicht zuletzt das Bibliotheksangebot entschied über die – oft nur temporäre – Mitgliedschaft eines Jugendlichen in einem bestimmten Verein oder einer Jugendorganisation. Da Bücher teuer waren, wurden Büchereien zur wichtigsten Institution des Selbststudiums. Die Organisation und die Konkurrenz der Büchereien untereinander, der große Einfluss und die Verantwortung der autodidaktischen Bibliothekare – das sind die Themen, die in den Berichten über diese Art von Büchereien häufig aufscheinen. Selbst Sportclubs warben mit ihren

Bibliotheken um Mitglieder. Ein Beispiel hierfür sind die Erinnerungen Borukh Yismakhs
an seine Jugend in Wyszków in der Provinz
Warschau. In der Kleinstadt ergriff um 1925
praktisch jede jüdische Partei und Organisation die Initiative, eine eigene Bibliothek zu eröffnen:

»Das kompetenteste Mitglied jeder Gruppe
wurde zum Bibliothekar ernannt. [...] Wenn
ein Leser ein Buch im Austausch für ein anderes zurückgab, hatte der Bibliothekar das
Recht ihn zu testen, um zu sehen, ob er das
Buch wirklich gelesen hatte, und wenn ja, ob
er es verstanden hatte. Leidenschaftliche Dis-
kussionen wurden oft geführt über den Helden dieses oder jenen Buches. ... Wir jungen
Leser, gerade aus dem Cheder, liebten die jiddischen Schriftstel-
ler. Fortgeschrittenere Leser verlangten die Werke Tolstois, Dos-
tojewskis, und anderer.

Natürlich gab es nicht genug Exemplare, um sie zirkulieren
zu lassen, und wir mussten oft einige Wochen warten, bevor wir
ein Buch erhielten. Der Bibliothekar litt darunter, weil er dafür
verantwortlich gehalten wurde.«[51]

Eine Einladung,
Mitglied einer Biblio-
thek zu werden: Der
Jiddische Dramatische
Club Sh. An-ski wirbt
mit seiner Bibliothek,
die bereits »über 3000
Bücher« enthalte und
stetig wachse.

In ländlichen Regionen wurden Büchereien vorwiegend von der
Jugend selbst, zum Teil auch kommunal unterhalten. In den Städten fungierten meist die größeren Organisationen als Betreiber der
Bibliotheken. Nach einer Statistik des polnischen Ministeriums
für Religionsangelegenheiten und öffentliche Erziehung gab es
1930 in Polen 748 jüdische Bibliotheken (solche, in denen die jid-
disch- oder hebräischsprachigen Bestände überwogen). Zusammen wiesen sie einen Bestand von 860 000 Bänden und eine Zirkulation von 2,5 Millionen Büchern jährlich auf.[52] Wahrscheinlich
wurde aber eine Reihe kleinerer Bibliotheken in dieser Statistik
nicht erfasst.

Jüdische Bibliotheken in Polen wurden häufig durch Buchspenden aus den Vereinigten Staaten unterstützt. Für ausgewan-

derte, nun besser situierte Juden, war dies eine Möglichkeit, ihre
Verbundenheit zu ihren osteuropäischen Heimatstädten und
-dörfern zu zeigen.[53] Für Anschaffungen und Erweiterungen
fehlte dennoch oft das Geld und Improvisationstalent und »Bil-
dungsenthusiasmus« konnten nicht alle organisatorischen
Schwächen ausgleichen. Besonders passionierte Benutzer hatten
innerhalb von ein oder zwei Jahren den Bestand von oft nur einigen hundert Bänden komplett ausgelesen. Zum improvisierten
Charakter der kleineren Büchereien gehörte, dass sie nur kurz,
manchmal nur an einem Tag in der Woche öffneten und nur selten
über Kataloge verfügten. Für wirklich professionell ausgebildete
Bibliothekare fehlten oft allerdings nicht nur die Mittel. So mo-
nierte ein jüdischer Kritiker, Juden verträten die Auffassung, Bibliothekswesen brauche man nicht zu lernen – sondern es falle
ihnen wie das Lehren einfach zu.[54]

Bibliotheken der Organisationen: Das Beispiel der Kultur-Lige

Solchen Mängeln versuchten größere Organisationen entgegen-
zuwirken. Zu ihnen zählte das Erziehungsnetzwerk *Tarbut* (Kultur) der Generellen Zionistischen Organisation. In den dreißiger
Jahren zählte eine Fragebogenaktion 124 Tarbut-Bibliotheken.
An erster Stelle boten sie Bücher in hebräischer Sprache, gefolgt
von Büchern in jiddischer und polnischer Sprache an. Ihre Bestände, vorwiegend Belletristik, lagen im Durchschnitt bei 1300
Bänden. Die meisten Leser waren Jugendliche.[55]

Ein Großteil der Nutzer der Bibliotheken im Verband der *Kultur-Lige* (Kultur-Liga) waren Arbeiter. Dabei handelte es sich um
einen zunächst eigenständigen Verband, der 1918 in Kiew gegründet worden war. Ab Mitte der zwanziger Jahre war die Organisation ein kultureller Ableger des in Polen legalen jüdisch-sozial-
demokratischen »Bund«. Zu den vielfältigen Aktivitäten der
Kultur-Lige zählte die in Warschau etablierte Volksuniversität,
eine Art Volkshochschule, die in jiddischer Sprache unterrichtete
und deren Veranstaltungen bis zu 300 Hörer besuchten. 1930
übernahm die Kultur-Lige die nach dem Bundisten Grosser be-

nannte Grosser-Bibliothek. Sie lag mitten im jüdischen Warschau und avancierte mit einem Umfang von rund 30 000 jiddisch- und polnischsprachigen Büchern Mitte der dreißiger Jahre zur beliebtesten jüdischen Bibliothek der Stadt. Ihr Bestand galt als die beste sozialwissenschaftliche Sammlung Warschaus. Der am meisten nachgefragte Autor allerdings war Jules Verne. Auch hier kam Unterstützung aus den Vereinigten Staaten, ausgewanderte Bundisten steuerten Gelder bei. Landesweit bedeutend war die Grosser-Bibliothek deshalb, weil sie als das *Biblioteken Tsenter* für – nach einer Quelle aus dem Jahr 1937 – 800 angeschlossene Büchereien der Kultur-Lige fungierte. Diese meist von Freiwilligen unterhaltenen Bibliotheken erhielten Unterstützung aus Warschau. Sei es, dass Herman Kruk, der professionelle Bibliothekar der Grosser-Bibliothek, Leselisten als Orientierungshilfe erstellte, sei es, dass sich die Zentrale einschaltete, wenn Zweigstellen von polnischen Behörden verfolgt wurden.[56] Angesichts dieser umfassenden Betreuung ist die gute Meinung ehemaliger Leser nicht verwunderlich. Einer Erinnerung zufolge war die der Kultur-Lige angeschlossene und 42 000 Bücher zählende Scholem-Aleichem-Bücherei in Białystok die »populärste kulturelle Einrichtung« der Stadt.[57]

Wilna, Zentrum jüdischer Bibliothekskultur

Für osteuropäische Juden ging von Wilna (heute Vilnius) eine besondere Ausstrahlung aus. Im Laufe der Jahrhunderte hatte es sich den Ruf eines kulturellen Zentrums, eines »Jerusalem Litauens« erworben. Die Stadt war berühmt für die jahrhundertealte Tradition des talmudischen Studiums und die der neuzeitlichen jüdischen Aufklärung. Diese Bedeutung setzte sich in der Zwischenkriegszeit fort. Wilna kam 1921 unter polnische Herrschaft. Juden stellten vor dem Zweiten Weltkrieg, wie Litauer und Polen, ungefähr ein Drittel der etwa 200 000 Einwohner.[58]

Vier große jüdische Bibliotheken prägten das jüdische Kulturleben der Stadt:

Die Straschun-Bibliothek in Wilna. Fotocollage von M. Vorobeichich, um 1929.

• die Bibliothek der Aufklärungsgesellschaft *(Mefitse Haskole)*
• die Kinderbücherei des *Tsentralen Bildungs-Komitet*
• die Bibliothek des *Yidisher Visnshaftlekher Institut,* kurz YIVO
• die Straschun-Bibliothek

Die 1911 in Wilna etablierte Bibliothek der Gesellschaft zur Verbreitung der Aufklärung *(Mefitse Haskole)* ist ein Indikator für die Fortführung der Haskala des 19. Jahrhunderts. Bereits drei Jahre nach ihrer Gründung wies sie einen Bestand von 45 000 Büchern

נאָמען און פֿאַמיליע ....
.... לאַנד .... שטאָט

יוד-ק
ק-דוי

Spendencoupon des
Baufonds für die
Errichtung des YIVO-
Gebäudes in Wilna.

in russischer, jiddischer, polnischer und hebräischer Sprache auf. Einzigartig war auch die Kinderbücherei des *Tsentralen Bildungs-Komitet*.
Welche Bedeutung ihr Angebot hatte, lassen
Zahlen nur erahnen – ihr Bestand, der sich nach
einer Schätzung 1939 auf über 20 000 Kinderbücher in jiddischer, in polnischer und in anderen
Sprachen belief, wurde allein während eines
Jahres dreimal komplett ausgeliehen. Während
für die Ausleihe eine geringe Gebühr entrichtet
wurde, war die Lektüre im Lesesaal umsonst.
1937 machten 11 000 Kinder von dieser Möglichkeit Gebrauch.[59]

Das *Yidisher Visnshaftlekher Institut*, kurz
YIVO, wurde 1925 gegründet. Institutsaufgabe
und -verpflichtung war die Förderung des Jiddischen. Die Gründungsväter des YIVO begriffen das Jiddische
nicht nur als Sprache, sondern als integralen Ausdruck einer eigenständigen Kultur. Eine Institution, die diese Kultur wissenschaftlich, so umfassend und in jiddischer Sprache erforschte,
hatte es vorher nicht gegeben.[60] Initiiert vom Sprachwissenschaft-
ler und Literaturkritiker Nukhem Shtif (1879–1933) wurde für den
Hauptsitz des Instituts wie selbstverständlich Wilna gewählt. Die
formelle Gründung fand allerdings in Berlin statt.[61] In Berlin lebte
seinerzeit eine größere Zahl von späteren Mitarbeitern des YIVO
in der Emigration. Dabei erhielt der Kreis der Institutsgründer sicher auch manche Anregung durch die zahlreichen jüdischen Bildungsinstitutionen in Berlin (→Kap. 4).[62] Inhaltlich allerdings
war die in Deutschland zu Anfang des 19. Jahrhunderts begründete »Wissenschaft des Judentums«, die in Berlin ihren Ausdruck
in der 1872 gegründeten Hochschule für die Wissenschaft des
Judentums fand, Anlass zur Abgrenzung und zur eigenen Positionierung. Ihre westeuropäischen Kollegen, so schrieb der Mitbegründer des YIVO Max Weinreich (1894–1969), hätten »die Probleme der jüdischen Geschichte in Osteuropa aus einer falschen
Perspektive betrachtet«[63].

YIVO stand für die – bei deutschen Juden alles andere als
selbstverständliche – Bejahung der osteuropäisch-jüdischen Kul-

tur, für die in einem umfassenden Sinn verstandene »Kultur der Jiddischkeit«. Diese »Jiddischkeit« bezog alle Angehörigen dieser Kultur ohne Unterschied ihrer religiösen und politischen Einstellungen mit ein. Allerdings bedeutete sie einen Gegenentwurf zum Zionismus.[64] Das Profil des Jiddischen Wissenschaftlichen Instituts, so die zeitgenössische Eigenbezeichnung in deutscher Sprache, wird besonders deutlich in der Gegenüberstellung zur ebenfalls im Jahre 1925 eingeweihten Hebräischen Universität in Jerusalem (→Kap. 3). Die Hebräische Universität war zum einen ein zionistisches Projekt, zum anderen war sie wissenschaftlich

Feier zur Grundsteinlegung des YIVO-Gebäudes in Wilna. Fotocollage, 1929.

Das Gebäude des YIVO in Wilna 1935. Die Tafel über dem Eingang begrüßt die Gäste einer Weltkonferenz zum zehnten Jahrestag der Institutsgründung. Grußworte zur Konferenz veröffentlichten u. a. Albert Einstein, Sigmund Freud und Simon Dubnow.

aber »ganz nach dem Muster der deutsch-jüdischen Wissenschaft des Judentums« strukturiert.[65]

Das YIVO war in Wilna zunächst erst provisorisch in der Wohnung Max Weinreichs untergebracht. Bis ein eigenes Gebäude fertig gestellt werden konnte, das als Hauptsitz und als Haus für das Archiv und die Bibliothek fungierte, war das Generalsekretariat des Instituts in Berlin angesiedelt. Ein Ehrenkuratorium, in dem unter anderem Albert Einstein, Eduard Bernstein, Simon Dubnow und Sigmund Freud vertreten waren, repräsentierten das Institut nach außen. Unmittelbar nach der Gründung wurde die Arbeit in wissenschaftlichen Sektionen aufgenommen, die dezentral organisiert waren. Die philologisch-ethnografische Sektion hatte ihren Sitz in Wilna, die historische und die ökonomisch-statistische Sektion waren bis 1933 in Berlin beheimatet, die psychologisch-pädagogische Sektion nahm 1929 in Warschau ihre Arbeit auf. Zugleich hatte das YIVO von Anfang an internationale Filialen in Paris, New York und Buenos Aires.

Zum Bau des eigenen Hauses, das 1935 in Wilna eröffnet werden konnte, trugen Spenden bei:

»Man gab ein besonderes Büchlein heraus, das den Titel ›Der Bau-Fonds‹ trug. Und jeder, der eine Mark oder einen Zloty oder einen Rubel gab, bekam einen Zettel mit dem Plan des künftigen Instituts.«[66]

Schon die Grundsteinlegung im Jahr 1929 wurde von den anwesenden Gästen enthusiastisch gefeiert.[67] Für die Arbeit des Instituts begeisterten sich immer wieder seine Benutzer sowie Künstler und Gelehrte. YIVO in Wilna beherbergte ein Theatermuseum und, auf Vorschlag Marc Chagalls, ein Kunstmuseum, dem er selbst Bilder überließ. Darüber hinaus

»wuchs eine gewaltige Bibliothek. Tagein tagaus kamen aus der ganzen Welt alle jüdischen Zeitungen – Zeitungen, die entweder in jiddischer Sprache gedruckt oder doch jüdische Zeitungen waren. […] Und es war eine große Ehre für einen Autor, der Bibliothek sein Buch mit einer Widmung zu schenken. […] In der Bibliothek fand man nicht nur Bücher aller Autoren, die zwischen den beiden Kriegen geschrieben haben. Auch alle Klassiker waren dort vertreten. Es war eine der interessantesten Bibliotheken in Osteuropa.«[68]

Die Bibliothek zählte nach drei Jahren bereits einen Bestand von 10000 Bänden, der bis 1940 auf 40000 Bücher anwuchs. Das Archiv sammelte jede Form von gedrucktem Material, das für die Forschungsfelder des Instituts relevant war. Wissenschaftlich machte sich YIVO durch zahlreiche Publikationen der Forschungssektionen und durch Übersetzungen von Werken wie beispielsweise Sigmund Freuds »Einführung in die Psychoanalyse« ins Jiddische einen Namen. Eine Besonderheit war die empirisch-statistische und ethnografische Arbeit. Durch Befragungen wurden die Lebensverhältnisse, linguistische Besonderheiten, oder Biographien osteuropäischer Juden erschlossen. So diese Dokumente noch erhalten blieben, bilden sie heute eine wichtige historische Quelle.[69]

YIVO in Wilna verkörpert den von der Erforschung der eigenen Lebenswelt geprägten Geist dieser Jahre. Für das jüdische Geistesleben Wilnas wohl noch bezeichnender war die Straschun-Bibliothek. Sie bildete die Bandbreite von Tradition und Moderne, von religiöser und säkularer Lektüre ab. Der Gründer der Bibliothek, Mathias Straschun (1819–1885) war zu seinen Lebzeiten ein anerkannter jüdischer Gelehrter und ein bedeutender Repräsentant der Gemeinde gewesen. Straschun war ein leidenschaftlicher Bibliophiler mit Kenntnissen des Griechischen, Lateinischen, Russischen, Polnischen und Deutschen, und bewandert in Philosophie, Geschichte und Astronomie. Die von ihm selbst erworbenen 7000 Bände stiftete er der jüdischen Gemeinde, die seine Sammlung 1892 öffentlich zugänglich machte. Bis zum Ende der 1930er Jahre wuchs der Bestand, weitgehend Hebraika und Judaika, auf 35000 Bände an. Seit 1928 leitete die Universität Wilna alle hebräischen oder jiddischen Bücher, die sie als Pflichtexemplare erhielt, an die Straschun-Bibliothek weiter. Angesichts dieser Büchermenge und der Tatsache, dass täglich im Durchschnitt 230 Leser um die nur 200 Leseplätze kämpften, verwundert es, dass zwischen 1890 und den 1930er Jahren keine Katalogisierung der Neuerwerbungen erfolgte. Einmal mehr also war der Bibliothekar die zentrale Instanz. Khaykel Lunski, eine stadtweit populäre Figur, fungierte als »lebendiger Katalog« mit einem enormen Titelgedächtnis und einer verblüffenden Standortkenntnis.[70]

Männer beim Talmudstudium im Bet Hamidrasch eines Altersheimes in Wilna.
Foto: Moryc Grossman, 1937.

Die Straschun-Biblio-
thek, im Gebäude-
komplex der Synagoge
von Wilna, gegründet
von Mathias Straschun
(1819–1885), Wilna
1939.

Als habe sie das im vorliegenden Band abgebildete Foto
vor Augen, hat die Historikerin Lucy S. Dawidowicz ihren Eindruck der Straschun-Bibliothek zu Ende der dreißiger Jahre wie-
dergegeben und mit wenigen Sätzen einen kleinen Kosmos
beschrieben:

»You could see the conflict between the worlds of tradition and
modernity played out every day in a kind of dumb show in the
reading room of the Strashun Library. [...] Because the library
was rich in Talmudic and rabbinic works, it was used by pious
Jews for advanced study. But the wealth of its holdings in other
areas of Judaica also attracted secular scholars and university stu-
dents. Consequently, on any day you could see, seated at the two
long tables in the reading room, venerable long-bearded men,
wearing hats, studying Talmudic texts, elbow to elbow with bare-
headed young men and even young women, bare-armed sometimes on warm days, studying their texts. The old men would
sometimes mutter and grumble about what the world had come
to. The young people would titter.«[71]

2 Die Welt der Genisa

Genisot (Sing.: *Genisa*) selbst sind im engeren Sinne keine Bibliotheken oder Archive. Zumindest waren sie nicht als solche intendiert. Aus dem Persischen entlehnt, bedeutet die Wortwurzel im Hebräischen so viel wie »verbergen, aufbewahren«. Zweck einer solchen Einrichtung also ist, ein Ablageort, ein Magazin oder eine »Schatzkammer« zu sein. Im Altertum vor allem in der Form des Begrabens religiöser Schriften und Gegenstände verbreitet, aber auch im Sinne des Versteckens von als häretisch geltender, dem Gebrauch zu entziehender Literatur aufgefasst, finden sich Genisot seit dem Mittelalter als Stauraum in Synagogen.[1] Für gläubige, observante Juden durfte (und darf) eine Schrift, die den Namen Gottes enthält, nicht einfach weggeworfen werden. Unleserlich gewordene Torarollen, vom Gebrauch zerfledderte Gebetbücher und andere ausgediente Schriften religiösen Inhalts gehören nach dem Brauch in die Genisa. Dort harren sie einer feierlichen zeremoniellen Bestattung, welche aber nicht zwingend erfolgen muss. Bereits der Verbleib in dem hierzu bestimmten Raum entspricht jüdischer religiöser Praxis.

Einmal eingerichtet, machte man von einer solchen Ablage in manchen Fällen auch für profane oder für solche Texte Gebrauch, über deren religiöse Relevanz man sich nicht sicher war. So finden sich hier nicht selten auch Gemeindekorrespondenz, Privatbriefe, Lehrbücher und andere Literatur des alltäglichen Gebrauchs. Wird eine solche in Vergessenheit geratene Genisa nach Jahrhunderten wieder entdeckt, ist dies häufig eine kleine Sensation: Eine eigene, in Texten und Textfragmenten konservierte Welt, ein oft beachtlicher Ausschnitt vergangenen Gemeindelebens tritt wie-

Solomon Schechter untersucht in Cambridge Dokumente aus der Genisa von Kairo, 1898.
(© Cambridge University Library)

der ans Licht. Um sie der Lektüre und Forschung zugänglich zu machen, füllen die geborgenen Texte heute Archive und Bibliotheken.

Die Genisa von Kairo

Die größte derartige Sensation war die »Wiederentdeckung« der Genisa der Ben Esra Synagoge in Fustat, dem heutigen Alt-Kairo von Kairo. Nach der Überführung ihrer Bestände in die Universitätsbibliothek Cambridge und einer über ein Jahrhundert währenden Erforschung gilt sie als die Genisa schlechthin. Ihr noch heute schier überwältigendes Material verdankt sich günstiger Umstände. Das trockene Klima bewahrte die Papyri vor dem Zerfall. Gerade diese Genisa diente als Ablage für jegliche Art von Schriften und die Gemeinde in Fustat sah zum Glück für die Nachwelt von ihrer Bestattung ab. Über die Geschichte dieser Gemeinde gibt nun ihre Genisa Auskunft. Texte aus einem Jahrtausend, vom 9. bis in das 19. Jahrhundert, haben immer wieder neue Fragen auf sich gezogen. Aus dem Arsenal der Themen stellen noch immer das Alltagsleben der Gemeinschaft sowie der interkommunale Austausch die faszinierendsten Forschungsfelder dar. Ein großer Teil der Funde stammt aus der Zeit des 11. bis 13. Jahrhunderts, einer Ära, in der jüdisches Leben im muslimisch beherrschten Ägypten florierte. Weit mehr als früher angenommen wurde, war diese mittelalterlich-mediterrane Welt geprägt durch Kontakt und Kompetition, durch Anregung und Austausch unter den Religionsgemeinschaften. Emphatisch und nicht zuletzt als Kontrast zur nahöstlichen Gegenwart wird in der Genisa-Forschung sogar von einer »Genisa-Welt« gesprochen.[2]

Als Ende 1896 der jüdische Gelehrte Solomon Schechter, Hebraist an der Universität Cambridge, in die Altstadt von Kairo reiste, galt die muslimische Herrschaft über Ägypten nominell noch immer. De facto war das Land seit 1882 von Großbritannien besetzt, das Ägypten in Form der »indirect rule« regierte. Schechter erhielt von Vertretern der örtlichen jüdischen Gemeinde die Genehmigung zur Öffnung der jahrhundertealten Genisa und ließ

Ablage von abge-
nutzten Texten in
der Genisa.
Diorama im Nahum
Goldmann Museum
der jüdischen Diaspora,
Tel Aviv.

in zahllosen Säcken nicht weniger als 140 000 Fragmente nach England verschiffen.[3] Schechters Motiv war die Bibelforschung, die seinerzeit vor allem von protestantischen Gelehrten betriebene historisch-kritische Erforschung des Alten Testaments. Dabei ging es auch um Fragen wie die der Authentizität oder der Verlässlichkeit von Übersetzungen der überlieferten Schriften. Ein solcher gelehrter Streit drehte sich um das im zweiten Jahrhundert v. u. Z. entstandene apokryphe Buch Jesus Sirach (hebr. *Sefer Ben Sira*, lat. *Liber Ecclesiasticus*). Da ein hebräisches Original fehlte, ging der Streit darum, ob mit Übersetzungen aus dem Griechischen und Syrischen gearbeitet, oder ob rabbinische Quellen für die Rekonstruktion des ursprünglichen hebräischen Textes herangezogen werden sollten.

Solche Fragen hatten eine gewisse akademische Konjunktur, als Solomon Schechter eine Stelle als Dozent in Cambridge antrat. Mit den Vornamen Shne'ur Salman war Schechter Mitte des 19. Jahrhunderts in einem moldawischen Dorf geboren worden. Seine Eltern hingen einer besonderen Form jüdischer Frömmigkeit, dem Chabad-Chassidismus, an. Sie hatten ihre weißrussische Heimat aufgrund der harschen Bedingungen im Zarenreich verlassen; im zu Rumänien gehörendem Moldawien allerdings war die rechtliche und soziale Situation für Juden nicht besser. Geprägt durch die in der Kindheit erfahrene religiöse Erziehung im rumänischen Shtetl und das in der Jugend entwickelte Interesse an der aufgeklärten Reflexion innerhalb jüdischer Gelehrsamkeit, führte Schechters intellektuelle Biographie nach Westen. Erste weitergehende Studien absolvierte er in Lemberg, im damals habsburgischen Galizien. Weitere Stationen seiner rabbinischen Schulung waren das Wiener Rabbinerseminar und ab 1879 die Hochschule für die Wissenschaft des Judentums in Berlin (→Kap. 4). 1882 wechselte er nach England. Hier interessierten ihn die beeindruckenden Hebraika-Sammlungen des Britischen Museums und der Bodleian Library in Oxford. Während des jahrelangen intensiven Studiums und der Edition hebräischer Texte ergaben sich Kontakte zur Universität Cambridge. Diese blickte auf eine lange Tradition hebräischer Studien insbesondere seit der Reformation zurück, die ihre Bibelinterpretation gegen die der katholischen Kirche stellte. An der Universität Cambridge hatten Juden bereits öfter den Hebräisch-Unterricht übernommen, höhere Positionen allerdings blieben Protestanten vorbehalten. Ein

Die Ben-Esra-Synagoge nach der Restaurierung, Kairo 1991.

wenn auch nicht vollständiger Wandel trat im späten 19. Jahrhundert ein. Ab 1890 bekleidete Solomon Schechter in Cambridge die unterhalb eines Lehrstuhls angesiedelte Stelle des Dozenten für talmudische und rabbinische Literatur. [4]

Im späten 19. Jahrhundert hatte die Genisa in Fustat unter europäischen Gelehrten bereits einige Aufmerksamkeit auf sich gezogen. Schon Simon van Geldern, Großonkel Heinrich Heines, hatte berichtet, um 1750 in Kairo nach Genisa-Texten gesucht zu haben. Der Volksglaube belegte die Entnahme von Texten zwar mit Fluch und Unglück, dennoch kamen ab den 1860er Jahren zunehmend Manuskripte in Umlauf. Der russische Archimandrit in Jerusalem, ein britischer Kleriker sowie jüdische Gelehrte aus Jerusalem, England, Russland und Amerika erwarben, offenbar über die Synagogendiener, einige Texte. Schechter, der von der Genisa wusste, wurde selbst erst 1896 aktiv. Zwei gebildete, an alten Manuskripten interessierte schottische Damen hatten ihm von einer Palästinareise mitgebrachte Fragmente vorgelegt. Eines davon identifizierte Schechter noch am selben Tag aufgeregt als »a piece of the original Hebrew of Ecclesiasticus«[5]. Dieses Fragment erschien ihm von größter Relevanz, insbesondere in Hinblick auf den mit dem Oxforder Professor für Arabisch, dem Konvertiten David Samuel Margoliuth, geführten Streit um die beste Überlieferung des Buches Ben Sira. Für Schechter Grund genug, nun selbst nach Kairo zu reisen.

Mit Empfehlungsschreiben der Universität Cambridge und des Oberrabbiners von England ausgerüstet, und moralisch und finanziell vor allem durch den befreundeten protestantischen Theologen und Master des St. John's College in Cambridge, Charles Taylor, unterstützt, reiste Schechter nach Kairo. Der Erfolg seiner Mission verdankte sich seinem Prestige als Vertreter einer englischen Universität, einer Portion Geduld und dem Geschick, die Freundschaft des örtlichen Oberrabiners Aaron Raphael Ben Shim'on sowie der führenden Familien der Gemeinde zu gewinnen. Schechter erhielt die Zusage, so viel er wolle aus der Genisa mit sich zu nehmen. In der Praxis bedeutete dies, den Bediensteten der Synagoge, denen die Begehrlichkeiten auch anderer Interessenten bekannt waren, anständige Preise zu zahlen. Schechter selbst stieg über eine Leiter durch ein hochgelegenes Mauerloch in den dunklen, staubigen Raum und wählte in wochenlanger Arbeit aus Bergen von Texten dasjenige Material aus, das ihm am interessantesten erschien. Für den Schutz und die Verfrachtung jener 140 000 Fragmente erwiesen sich die Dienste des britischen Generalkonsuls und Administrators Ägyptens, Lord Cromer, als nützlich.

Mit ausdrücklichem Dank an die jüdische Gemeinde in Kairo nahm die Universität Cambridge 1898 diese Bestände in ihre Bibliothek auf.[6] War Schechters Leistung vorwiegend durch Fragen biblischer, rabbinischer und talmudischer Literatur motiviert, so sah er doch die weit größere Spannbreite ganz unterschiedlicher Forschungsthemen voraus. In einem heiteren Bericht für die Londoner Times beschrieb er, was den Forscher erwartete:

»It is a battlefield of books […] In their present condition these lumps sometimes afford curiously suggestive combinations; as, for instance, when you find a piece of some rationalistic work, in which the very existence of either angels or devils is denied, clinging for its very existence to an amulet in which these same beings (notably the latter) are bound over to be on their good behaviour and not interfere with Miss Jair's love for somebody.«

Damit nicht genug, fand sich all dies

»squeezed between the sheets of an old moralist, who treats all attention to money affairs with scorn and indignation. Again, all these contradictory matters cling tightly to some sheets from a very old Bible …«[7]

Nur wenige Gelehrte näherten sich zunächst dieser Fülle von nur mühsam zu sichtendem Material. Schechter trug zusammen mit Charles Taylor viel zur Rekonstruktion des hebräischen *Ben Sira* bei. Unter anderem edierte er das »Damaskus Dokument«, das aufgrund der verwandten Qumran-Funde fünfzig Jahre später der Sekte der Essener zugeordnet werden sollte. Weitere Forschungen galten in den ersten Jahrzehnten des 20. Jahrhunderts den jüdischen Überlieferungs- bzw. Übersetzungstraditionen Massora und Targum und der Responsenliteratur. Ein besonderes Thema war die Poesie des mittelalterlichen Vorderen Orients; hier tat sich besonders das 1929 von Salman Schocken (→Kap. 5) in Berlin gegründete Forschungsinstitut für Hebräische Poesie hervor.

Bis in die fünfziger Jahre hinein arbeiteten die Forscher nur mit einer bestimmten Auswahl der Fragmente – der heutigen »Old Series«. Einen großen Teil der Fragmente hielten manche Bibliothekare in Cambridge schlicht für »rubbish«. Glücklicherweise wurden diese Texte dennoch aufbewahrt und Mitte der fünfziger Jahre einem Wissenschaftler aus Jerusalem, Shlomo Dov Goitein, vorgelegt. Goitein (1900–1985) wurde, mit ursprünglichem Vornamen »Fritz«, als Sohn einer Rabbinerfamilie im bayerischen Burgkundstadt geboren. Ab 1914 lebte er in Frankfurt am Main und zum Teil in Berlin, sein Studium der Philologie und Orientalistik schloss er 1923 mit einer Promotion über das Gebet im Koran ab. Im gleichen Jahr ging er, zusammen mit seinem Freund Gershom Scholem, nach Palästina.[8] Goitein arbeitete als Lehrer in Haifa, dann für den Erziehungssektor der britischen Mandatsverwaltung und als Dozent an der Hebräischen Universität Jerusalem. 1957 übernahm er einen Lehrstuhl für Arabistik an der Universität Pennsylvania. Für seine Forschungen griff er auf Genisa-Material zurück, das über die mediterrane Alltagswelt des Mittelalters Auskunft gab. Fragmente, die bis dahin in Cambridge als wertlos galten, beurteilte Goitein als genauso wertvoll wie das bis dahin erforschte Material.

Damit war eine neue Ära eröffnet. Zahlreiche Forscher gingen daran, mittels der neu entdeckten 42000 Fragmente die Sozial- und Alltagsgeschichte jüdischen Lebens in den arabischen Ländern des Mittelalters neu zu schreiben. Die Mehrzahl der Fragmente geben, in hebräischer Schrift geschrieben, die arabische Sprache wieder, wie sie seinerzeit als Umgangssprache von Muslimen, Christen und Juden benutzt wurde. Aus den Texten spricht beispielsweise ein jüdischer Mann, der seiner zukünftigen Gattin verspricht, in Zukunft nur noch auf rechtem Wege wandeln zu wollen; jemand beschwert sich über die »in diesen Tagen« nie vorhersehbaren Preise; eine frustrierte Ehefrau bezeichnet ihren Mann als »nutzlos« und schlägt die Scheidung vor; jemand hält einen Geistlichen für unfähig – er verstehe seine eigene Predigt nicht und wiederhole alles wie ein Papagei.[9] Aus Briefen, Heiratsverträ-

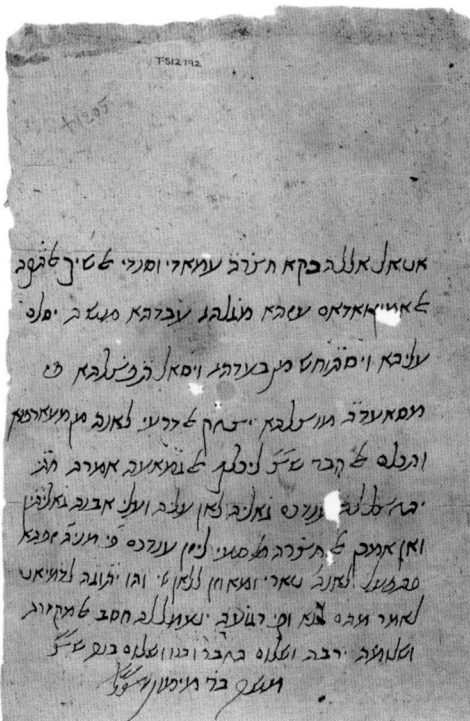

Maimonides (Rambam) empfiehlt einen befreundeten Gelehrten und bittet um Geldspenden, um dessen überfällige Kopfsteuer zu begleichen. Ägypten, spätes 12. Jh., Judeo-Arabisch, Papier. (© Cambridge University Library, T-S 12.192)

Hebräischer Text des Buches Ben Sira, Papier, 10. Jh. (?). Dieses Fragment sah Schechter als Beleg für die Existenz eines hebräischen Originals aus dem 2. Jh. v. u. Z. an. (© Cambridge University Library, Or. 1102)

gen, Handelskontrakten, Gerichtsschreiben und Berichten tritt eine modern anmutende Gesellschaft hervor. Das betrifft die Rolle der Frau, die Medizin, die Literalität und den bis zum indischen Ozean, nach Zentralasien und China reichenden Handel, ebenso wie Mode, Küche, den gemeinsamen Markt und den Wettstreit von Juden, Christen und Muslimen. Gerade diese Art Mediävistik bietet Stoff für moderne Fragen nach sozialer Organisation, Geschlechterverhältnissen, Ethnizität.

Im Zentrum steht dabei die Blüte dieser Kultur im 11. bis 13. Jahrhundert. Sie fällt weitgehend in die Ära der schiitischen Fatimiden (969–1171), deren Herrschaft sich nach innen vor allem gegen den konkurrierenden sunnitischen Islam richtete und außenpolitisch von einer relativen Machtbalance in der Region profitierte. Das beeindruckendste Ergebnis dieser Forschung ist Goiteins fünfbändiges Werk »A Mediterranean Society« selbst. 1967 erschien der erste Band zu den wirtschaftlichen Grundlagen dieser mittelalterlichen Gesellschaft. Für den fünften Band, der das Individuum zum Thema hat, wählte Goitein, mittlerweile

Bebilderte Seite einer Alphabet-Fibel eines Kindes, Ägypten, 11. Jh. (?), Hebräisch, Pergament. (© Cambridge University Library, T-S K 5.13)

❖❖ THE GENIZAH NEWS

REPORTS (DATING MAINLY FROM THE 10th–13th CENTURIES) FROM THE BEN EZRA SYNAGOGUE GENIZAH, FUSTAT. PUBLISHED BY THE ISRAEL MUSEUM, JERUSALEM, IN CONJUNCTION WITH THE EXHIBITION "THE CAIRO GENIZAH: A MOSAIC OF LIFE", 1997

Earthquake Hits Ramla

Many Dead ●Vast Damage ● Call for Public Fast and Aid for Survivors

Ramla Tower

Ramla was struck by a severe earthquake in the early hours of the morning on Thursday, 12 Teveth 4793 (December 5, 1033), when the entire town was badly shaken. At this stage it is difficult to ascertain the precise scope of the damage, but witnesses report serious devastation. The quake was felt in the entire coastal plain, including fortresses along the coast up to Haifa, down to the Negev, and as far as Jerusalem. Even the Nablus, Tiberias, and Galilee regions reported witnessing the spectacle of moving mountains and bending trees.

The earthquake's epicenter was apparently in Ramla itself. From the report of one of the leading Jews in the town, Shlomo ben Zemach, we were able to piece together some essential details of the tragedy. Ben Zemach related that when the earth shook, the townspeople were still asleep in their beds, and many were crushed to death under the rubble. Numerous houses collapsed entirely, and in others, all the beams fell to the ground. The force of the quake tumbled new dwellings like a house of cards. Casualty figures are not yet available, but they are expected to be high.

The more fortunate were able to flee to the streets. Stunned masses of people left homeless wandered around aimlessly, while others, half-mad with grief, cried out to heaven to calm the shaking earth.

Witnesses from areas south of Ramla report that a day before the earthquake they saw a huge fire in the west and two rainbows emerging from the black clouds. According to Shlomo b. Zemach's account, the earthquake was preceded by another natural disaster in the form of a pelting rainstorm. "It was a terrible sight, as if the whole world was storming," said a resident of the coastal plain, "only a few hours after the fire and the amazing rainbows we saw hills exploding and broken rocks flying up to heaven."

Shlomo b. Zemach's report only reached us some time after the quake, because of transportation problems and the general chaos in the country. Ben Zemach said that for eight full days after the earthquake many of the survivors were seen roaming among the ruins, inconsolable and unable to find a place to rest their weary bodies. In response to Ben Zemach's request, the heads of many Jewish communities have declared a day of fasting and are arranging a rally in solidarity with the victims. While the alarm is being sounded throughout the Jewish world, many of the people of Ramla flock to the cemeteries, where they weep and tear their clothing. In some communities, leaders have called for donations to a fund to aid the Ramla earthquake victims.

"It was a miracle that the rain stopped," Ben Zemach writes, "but people were cast into the streets for days." Enlisted to help the townspeople, the governor of Ramla and representatives of the Muslim king had tents erected for the homeless. The tents are located outside the city, which was so badly damaged that there is a fear of epidemics and the further collapse of unsafe buildings.

Ben Zemach has appealed to Jewish communities in the Diaspora to raise funds for the survivors, who are at present receiving interim aid from the national treasury. Because of the difficult situation, we were unable to ascertain how such funds would be transferred to their destination. A fundraising campaign has already begun in Egypt, where even the poorest communities have made their contributions.

The Genizah News, too, is joining the appeal on behalf of the Jews of Ramla, and echoes Shlomo ben Zemach's blessing to all those who pitch in and help: "May the Lord protect you from all harsh decrees, and shelter you under His wing, and crown your good deeds and mercies with His protection."

The News has still not received details of the earthquake victims' identity. We request that the public refrain from approaching us for information, and promise to publish any news as soon as it reaches our offices. Our correspondents around the country have cited no loss of life in other cities, but in light of the reports about the force of the earthquake and its impact on places far from Ramla, the possibility of casualties elsewhere should not be ruled out.

■ See: M. Gil, *Eretz-Israel in the Early Muslim Period* (Hebrew), Vol. II, pp. 382–85
Document: T-S 18.J3.9

Storm in Sicily: Messiah's Emissaries Expected Soon

Woman Pregnant More than Nine Months ● Prophesies and Exudes Honey ●Angel's Fire in Synagogue● Rumors Spreading that Messiah's Emissaries Are en Route to Sicily

The Jews of Sicily expect the Messiah to come any day now, according to a report from two travelers who have just returned from the island. The two, Michael b. Samuel and Samuel b. Abraham, had come to Sicily on a routine visit to Catania, but upon their arrival they were told of the excitement in the local Jewish community.

Our reporter was able to speak to the two travelers, who were still agitated by what they had seen. "During prayers, in a place

RABBI YEHUDA HALEVI RELEASED FROM PRISON

STORY ON P. 4

EDITORIAL

The Cairo Genizah is a treasure-trove of documents that shed light on life in the Mediterranean area, mainly during the Middle Ages. This newspaper "reports" the daily happenings of that time, as related in the letters and documents in the Genizah – with all the immediacy of the "latest news."

This newspaper is based on written evidence on such subjects as politics, finance, crime, family life and education, culture and literature, communities, lifestyle, fashion, and cuisine. The news features, articles, and various sections are based on information gleaned from Genizah documents which have been deciphered and analyzed by scholars. As in any ancient mosaic, gaps exist in Genizah materials. In such cases, information of a general and undisputed nature was added, such as in the interview with the Rambam's secretary, the article on Saadya Gaon, and the report on the Karaites. At the end of each article is a list of Genizah documents on which the news item was based, as well as a bibliography. Occasionally, a combination of several documents formed the basis for an article, particularly when we used the reasearch of the late S. D. Goitein. In these cases, no one text was credited. Without the monumental work of Goitein, who inspired generations of scholars, the publication of this newspaper would not have been possible.

The paper was written and edited by Ioram Melcer, based on an idea conceived by Daisy Raccah-Djivre, curator of the exhibition. The scientific consultant was Menahem Ben-Sasson, the editor-in-charge, Efrat Carmon. Design: Naama Benziman; typesetting: Noah Lichtinger. Translation from the Hebrew: David Louvish, Lillian Cohen; editing: Malka Jagendorf, Anna Barber. Research assistant: Ze'ev Elkin; photographic research: Orpa Slapak. Photographs of the fragments courtesy of the Syndics of Cambridge University Library. Illustrations (unless otherwise noted) are from: *Picturesque Palestine, Sinai and Egypt*, I–IV (ed. R. E. Wilson); Supplement by Stanley Lane-Poole, London, 1880.

The exhibition and publication of the newspaper were made possible by the generosity of: Sandra and Joseph Rotman, Toronto; the Joseph Alexander Foundation, New York; the Aaron Beare Foundation, Durban, South Africa; the Samuel Bronfman Foundation, New York; the Schussheim Foundation, Haifa; the Sam Weisbord Trust, Beverly Hills; Toni and Oded Eliashar, Jerusalem; Sonia and Ibram Shalam, London; and the Master and Fellows of St. John's College, Cambridge.

über 80 Jahre alt, einen mentalitätsgeschichtlichen Zugang.[10] Goitein war der Ansicht, dass ihm die eigenen Lebenserfahrungen ein besseres Verständnis der alten Pergamente ermöglichten. In Palästina hatte er ethnolinguistische Studien unter jemenitischen Einwanderern unternommen. Als Beamter im Bildungssektor der britischen Mandatsbehörde war er für die Schulen der orientalischen Juden in Palästina zuständig gewesen. Goitein betrachtete die Vertrautheit mit jemenitischen Juden und traditioneller orientalischer Erziehung als wichtigen Schlüssel zum Verständnis der Genisa-Gesellschaft. Und auch die eigene Vertrautheit mit den Vereinigten Staaten, in denen er seit den fünfziger Jahren lebte, beschrieb er als wichtige Verstehenshilfe:

»This vigorous free-enterprise society of the United States, which is not without petty jeaulousies and often cheap public honors, its endless fund-raising campaigns [...] and deep concern (or lip service, as the case may be) for the underdog – all proved to be extremely instructive. We do not wear turbans here; but, while reading many a Geniza document one feels quite at home.«[11]

Der Autor Ammiel Alcalay hat auf seine Weise Goiteins Ergebnisse herangezogen, um darauf zu verweisen, dass die vormoderne Genisa-Welt bereits sehr viel Modernes aufweise. Andererseits müsse man sich zu ihrem Verständnis von manchen modernen Vorstellungen trennen. Alcalay diskutiert diese »Genisa-Welt« als Modell levantinischer Kultur in einer Ära post-nahöstlichen Konflikts.[12]

Die Genisa-Welt in der Zeitung: »The Genizah News« berichtet im Stil »neuester Nachrichten« von Begebenheiten, wie sie den in der Genisa von Kairo gefundenen Dokumenten zu entnehmen sind. Herausgegeben vom Israel Museum, Jerusalem, anlässlich der Ausstellung: The Cairo Genizah. A Mosaic of Life, 1997.

Durch die genannten Forschungsthemen ist das Material der Genisa von Kairo längst nicht erschöpft. Dank der Genisa-Texte weiß man heute zum Beispiel bedeutend mehr über die jüdische Gruppierung der Karäer, oder die am Schwarzen Meer siedelnden mittelalterlichen Chasaren, die den jüdischen Glauben angenommen hatten. Lebendiger als zuvor erscheinen Größen wie der hebräische Lyriker und Philosoph Juda Ha-Levi sowie Maimonides, der überragende jüdische Gelehrte des Mittelalters, der Arzt des ägyptischen Sultans und Vorstand der jüdischen Gemeinden Ägyptens war und in Fustat verstarb.

Genisot süddeutscher Landgemeinden

Genisot finden sich in vielfältiger Form. Auch in Europa waren sie verbreitet, doch viele gerieten in Vergessenheit oder gingen mit der Zerstörung von Synagogen im Zweiten Weltkrieg und dem Abriss ungenutzter Gebäude nach dem Krieg für immer verloren. Im Zuge der Restaurierung alter Landsynagogen im süddeutschen Raum wurden in den 1980er Jahren durch Zufall auch einige Genisot gefunden. Funde dieser Art machte man unter anderem in Freudental bei Stuttgart, im hessischen Ort Odenbach, oder in Westheim, Veitshöchheim und Urspringen in Franken. In Veitshöchheim rettete man Fragmente, die aus der Genisa in einem Hohlraum über dem Synagogengewölbe stammten, aus einem Schuttcontainer, der bereits zum Abtransport zur Müllkippe bereitstand. Auf Initiative Evelyn Friedländers nahm sich die Hidden Legacy Foundation, London, solcher Funde an, um sie zu bergen und zu konservieren. Aus dieser Arbeit gingen 1992 eine Ausstellung und ein Katalog hervor.[13] So konnte, noch in einem frühen Stadium der Erforschung, eine Auswahl des zum Teil über 200 Jahre alten Materials erstmals der Öffentlichkeit präsentiert werden.

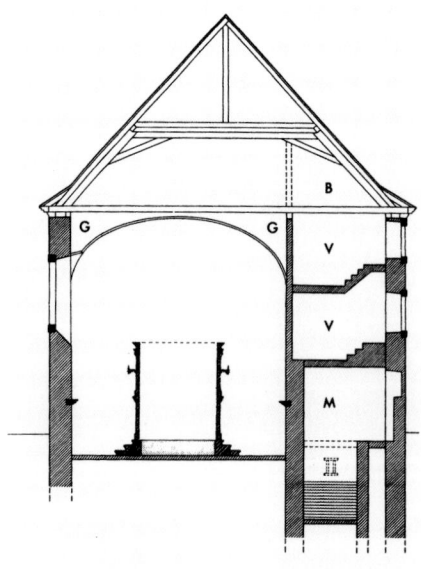

Querschnitt durch die Synagoge von Veitshöchheim. Die Genisa wurde in den mit »G« bezeichneten Hohlräumen über dem Gewölbe gefunden.

Die Funde sind eine bedeutende Quelle für das religiös geprägte Leben der kleinen jüdischen Landgemeinden Süddeutschlands im 17., 18. und 19. Jahrhundert. Den größten Anteil der Funde machen religiöse Gebrauchsgegenstände aus. Bei der Mehrzahl der entdeckten Texte handelt es sich um religiöse Schriften; zum Teil geben sie auch Auskunft über weltliche Angelegenheiten, zum Beispiel den Alltag der Händler. Viele dieser Texte wurden in Westjiddisch geschrieben.

In einer autobiographischen Darstellung hat Berthold Auerbach, der im 19. Jahrhundert noch selbst in einer solchen Landgemeinde aufgewachsen war, berichtet, wie ihm seine Mutter das Wesen der Genisa erklärte:

»Unter der Decke der Synagoge da ist ein Speicher und da liegen die Gebetbücher von hundert und hundert Jahren und der Atem der Lebenden steigt auf zu den Blättern, worauf der Atem der Verstorbenen gehaucht war und manche Träne hineinfiel, und die Worte der Verstorbenen und der Lebenden gehen miteinander hinauf zu Gott.«[14]

Die Genisot der süddeutschen Landjuden gerieten mit der Ansiedlung der Landjuden in den Städten im Laufe des 19. Jahrhunderts bald in Vergessenheit. Heute werden sie vor allem im Rahmen der Regionalgeschichte gewürdigt. Das Pädagogisch-Kulturelle Centrum Freudental zeigt seit 1998 Funde aus der Genisa der ehemaligen Synagoge des Ortes in einer Dauerausstellung.[15] Auch das Jüdische Kulturmuseum Veitshöchheim zeigt eine Ausstellung zur Genisa des Ortes.[16]

Fund aus der ehemaligen Synagoge von Westheim (Bayern). Das mit einer Schnur umwickelte und in der Genisa abgelegte Bündel enthält Kalender aus den Jahren 1764 und 1766, Teile von zerlesenen Gebetbüchern und ein Papierfragment aus einem Geburtenverzeichnis des Jahres 1776. Foto: Andreas Hemstege, Wesel.

3 Im Lande Israel

Israel gilt als Schmelztiegel von Bibliothekstraditionen.[1] Seit der Spätphase des Osmanischen Reichs vollzog sich die »Europäisierung des Orients« (Hans Kohn) gerade auch in Palästina. Die Umformung des traditionellen, orientalischen Charakters des Landes wurde dabei nicht zuletzt durch die Implementierung europäisch geprägter Institutionen bewirkt. Die Umgestaltung des Landes begann im Rahmen der zunehmenden Präsenz europäischer Mächte im 19. Jahrhundert und setzte sich unter der britischen Mandatsverwaltung Palästinas nach dem Ersten Weltkrieg fort. Vor allem ging sie mit der modernen jüdischen Besiedlung des Landes einher; die Zahl der Juden in Palästina wuchs von knapp 25 000 im Jahr 1880 auf 650 000 zur Zeit der Staatsgründung Israels an. In Palästina konkurrierten dabei auch deshalb bestimmte Traditionen, weil in verschiedenen Einwanderungswellen, den so genannten *Alijot* (sing.: *Alija*, »Aufstieg«), Juden unterschiedlicher Herkunft, aber auch mit unterschiedlichen politischen Vorstellungen ins Land kamen. Bis in die zwanziger Jahre prägten, neben einer geringen Zahl orientalischer Juden, osteuropäische Einwanderer das gesellschaftliche Gefüge des *neuen Jischuw*. Nach den russischen Pogromen von 1881/82 waren die ersten modernen Siedler eingewandert. Mit der zweiten und dritten Einwanderungswelle, ausgelöst durch erneute Pogrome und die russischen Revolutionen von 1905 und 1917, gelangten Pioniere mit einer dezidiert sozialistisch-zionistischen Ausrichtung nach Palästina. Seit Mitte der zwanziger Jahre kamen eher bürgerlich orientierte, vorwiegend aus Polen stammende Immigranten hinzu, und über die bürgerlichen, deutschsprachigen

Juden der »deutschen Alija« der dreißiger Jahre wiederum kursierte das Wort, sie seien »nicht aus Zionismus, sondern aus Berlin oder Wien« ins Land gekommen.

»Jüdisches Bibliothekswesen im Lande Israel« (Heinrich Loewe)

Aufgrund der komplexen Zusammensetzung des neuen Gemeinwesens ergaben sich heterogene Bildungsbedürfnisse. Bestimmte Organisationen, einzelne Förderer und natürlich Bibliothekare haben das entstehende Bibliothekswesen darauf abzustimmen versucht. Einer der einflussreichsten Programmatiker, aber auch Praktiker auf diesem Gebiet war in den ersten Jahrzehnten des 20. Jahrhunderts Heinrich Loewe. In einer Reihe von Artikeln, die in deutschsprachigen jüdischen Publikationen erschienen, warb er für sein Anliegen. 1922 erschien seine Schrift »Jüdisches Bibliothekswesen im Lande Israel«;[2] mit ihr hat er so etwas wie eine nationale Bibliotheksphilosophie verfasst.

Heinrich Loewe (1869–1951) steht in besonderer Weise für den deutschen Einfluss auf die Entwicklung des Bibliothekswesens in Palästina und Israel. Geboren in Wanzleben bei Magdeburg, wurde Loewe früh, noch vor Theodor Herzl, zum Zionisten. Er war Mitbegründer unter anderem der Zionistischen Vereinigung für Deutschland und Herausgeber der Monatsschrift *Zion*, Delegierter des ersten Zionistischen Kongresses in Basel 1897 und übernahm in seiner Zeit in Berlin bis 1933 eine Reihe ehrenamtlicher Tätigkeiten. Loewe war nicht nur Bibliothekar, sondern auch Professor und Kenner der jüdischen Geschichte und Folklore, über die er wichtige Arbeiten publizierte. 1899 trat er in den Dienst der Berliner Universitätsbibliothek ein, wo er Leiter der Orientalia-Abteilung wurde. Zweifellos gingen für Loewes eigene Konzepte bedeutende Impulse vom deutschen Bibliothekswesen aus, das um die Jahrhundertwende dem preußischen Erziehungsministerium unterstellt, stärker zentralisiert, koordiniert und national orientiert wurde. In Berlin ließ die deutsche Politik den kompletten Buchbestand für eine neue Zentralbibliothek in Posen zusammenstellen, die samt Zweigbibliotheken in die östlichen

Teile Preußens gebracht wurde, um, parallel zu den Ansiedlungs-
projekten, das ehemals polnische Gebiet um Posen verstärkt auch
kulturell zu »germanisieren«.[3] Diese Beobachtung versuchte
Loewe mit eigenen Ideen zu kombinieren und an die Gegebenhei-
ten in Palästina anzupassen.[4] Davon zeugt besonders deutlich
seine bereits genannte Schrift »Jüdisches Bibliothekswesen im
Lande Israel«, die 1922 von der bereits im Aufbau befindlichen Na-
tional- und Universitätsbibliothek in Jerusalem verlegt wurde.
Das Zeitdokument ist eine Rückschau auf die Anfänge der zionistischen Bibliotheksgeschichte und eine Programmatik der weiteren Entwicklung. »Die Bibliothek ist der von einem Volke sichtbar
aufgespeicherte Wissensschatz«, heisst es da in einer Art Theorie
des kollektiven Gedächtnisses.[5] Zionisten hatten immer wieder
auf das kollektive und symbolische Potenzial einer jüdischen Nationalbibliothek hingewiesen. Bibliotheken, die in Palästina etabliert werden sollten, stellten einen der Diaspora-Erfahrung ent-
gegengesetzten Aspekt nationaler Sammlung dar. So hatte bereits
1914 der »Jüdische Kulturfonds Kedem« argumentiert:

»Zu allen Arbeiten auf dem Gebiete der Kultur bedarf es als der ersten Vorbedingung der Bibliotheken. […] Können wir auch nicht
alle Zerstreuten Israels im Lande der Väter sammeln, aber die zerstreuten Bücher Israels, die überall herumgetragenen Gedanken
des hebräischen Geistes zu sammeln, dazu sind wir imstande.«[6]

Für Loewe galt dies besonders für die im Aufbau befindliche, 1918
gegründete (und 1925 eröffnete) Hebräische Universität: »Die
Vorbedingung der Universität […] ist nun aber die Schaffung der
großen Bibliothek, des Arsenals, dessen jeder Kampf der Geister
bedarf.«[7] Der besondere Charakter, die Breite der Ausrichtung einer jüdischen Nationalbibliothek resultierte für ihn dabei aus den
Besonderheiten jüdischer Geschichte:

»[Wie] wollen wir ein alexandrinisches Judentum ohne die Hel-
lenen, ein spanisches Judentum ohne den Arabismus, die moderne Wissenschaft des Judentums ohne die deutsche und europäische Wissenschaft, den Chaßidismus des Judentums ohne
seine slavische Umgebung verstehen und begreifen? Mehr noch

als andere Nationalbibliotheken müssen wir uns daran machen, Wesen und Wissen der anderen Nationen in unserem Bücherarsenale zum Ausdruck zu bringen.«[8]

Ein solches modernes Bibliothekswesen diente also der Sammlung wie der Abbildung der Breite jüdischer Erfahrung. Damit erscheint dieses Konzept in besonderer Weise als Beispiel einer – nach Michel Foucault – »Heterotopie«. Foucault hat von modernen Bibliotheken und Museen als Orten, Heterotopien, »der sich endlos akkumulierenden Zeit« gesprochen. Demnach waren »im 17. und noch bis zum Ende des 18. Jahrhunderts die Museen und Bibliotheken Ausdruck einer individuellen Wahl«, hingegen gehöre »die Idee, alles zu akkumulieren, […] einen Ort aller Zeiten zu installieren, der selbst außer der Zeit und sicher vor ihrem Zahn sein soll […] unserer Modernität an«[9]. Das Konzept einer jüdischen Nationalbibliothek korreliert mit der bereits im 19. Jahrhundert verbreiteten Konjunktur moderner Museen und Bibliotheken in Metropolen wie Paris, London und Berlin.

Loewe verband mit seinem Konzept eine »zivilisatorische Mission«, die ebenso wie etwa die Vergabe von Mandatsgebieten an europäische Großmächte dem politischen Zeitgeist entsprach. Mit der jüdischen Bildungspolitik in Palästina verband Loewe die zivilisatorische Aufgabe der »Hebung« der orientalischen Kultur. Zugleich diente es der zionistischen Positionierung gegenüber den »Anderen« in Palästina – gegenüber Arabern, aber auch den ortsansässigen orthodoxen Juden. So schrieb Loewe: »Wir werden Wert darauf legen, daß die Araber in unserem Lande in ihrer Kultur ebenfalls erhöht werden.« Bei allem Bemühen um arabische Bildung hieß es aber auch: »[Wir werden] die Kultur des Orients heben, doch immer die Ersten und Höchsten in unserem eigenen semitischen und orientalischen Lande bleiben.«[10] Innerhalb dieses – patriarchalischen – Rahmens sollte wissenschaftlicher Wettstreit zur jüdisch-arabischen Annäherung und – offensichtlich gegen den Antisemitismus gerichtet – auch zu gemeinsamer »semitischer« Behauptung beitragen. Das gelte etwa für die Orientalistik: »Sie gewährt die Möglichkeit, daß jüdische und arabische Gelehrte in edlem Wettbewerbe die Geistes- und Kulturschätze der gemeinsamen semitischen Rasse heben.« Judaistik und Orien-

talistik seien als Hauptgebiete der Bibliothek zu begreifen; die
»dauernde Versöhnung der Bruderstämme« werde dann »von
selbst ihr natürliches Ergebnis sein«[11].

Eine »Hebung« der Kultur schien Loewe aber auch in Hinblick
auf die ortsansässige jüdische Bevölkerung, den *alten Jischuw*, nö-
tig: »Wer den Aberglauben kennt, der den Orient heimsucht und
von dem auch die orientalischen Juden nicht frei geblieben sind,
der wird die Wichtigkeit einer Volksbibliothek verstehen.«[12] Solche Volksbibliotheken sollten daher vor allem wissenschaftlich
orientierte Bildungsbibliotheken sein. Stets waren auch die »bodenständigen« Lesebedürfnisse der Siedler zu berücksichtigen,
die zwar zur Landwirtschaft erzogen, aber keineswegs vom »Bil-
dungsstreben abgedrängt« werden sollten. Insgesamt sollte das
Bibliothekswesen dazu beitragen, »ein Volk« zu konstituieren.[13]

Tradition, europäische Wiederentdeckung und zionistische Implementation: Bibliotheken Palästinas im 19. Jahrhundert

Für die Einführung eines solchen, ausgedehnten Bibliothekswesens waren zu Beginn der zwanziger Jahre, als Großbritannien »Palästina« als ein durch den Völkerbund sanktioniertes Mandatsge-
biet etablierte, die Grundlagen bereits gelegt. Der Aufbau dieser
nationalen Bibliothekskultur vollzog sich ebenso geplant wie improvisiert. Zu Beginn der jüdischen Einwanderung in den 1880er
Jahren war die Bibliothekskultur Palästinas noch traditionell
geprägt. Muslimische Bibliotheken existierten in Form kleiner
Sammlungen religiöser Texte in Moscheen und muslimischen Ge-
richtshäusern. Bekannt sind einige, zum Teil öffentlich zugäng-
liche muslimische Privatbibliotheken angesehener Familien.[14] Im
Kontrast zur muslimischen Bevölkerung war der alte Jischuw, die
Gemeinschaft der ortsansässigen und bis dahin aus religiösen Motiven nach Palästina gekommenen Juden, in hohem Maße alpha-
betisiert. Wie in Europa deckten nicht zuletzt Buchsammlungen in
Synagogen, religiösen Schulen und anderen Gemeindeeinrichtun-
gen das Bedürfnis religiösen Studiums und Lernens. Als ein frühes
Beispiel öffentlicher Bibliothekstradition wird auch in diesem Zu-

sammenhang gewöhnlich das Bet Hamidrasch hervorgehoben.[15] In einem solchen »Lehrhaus« waren religiöse Bücher frei und kostenlos zugänglich. Aufklärerische Literatur blieb aber auch von den orthodoxen Juden Palästinas geächtet.[16] Mit der Generation der ersten weltlich motivierten Einwanderer kamen aber auch bewusst aufklärerisch eingestellte Juden ins Land, die zu Ende des Jahrhunderts erste säkulare, öffentliche Bibliotheken begründeten.

Weltliche Literatur verbreitete sich in Palästina zunächst im Kontext der »Wiederentdeckung« des Landes durch die europäischen Mächte. Aus Gründen des Prestiges, des Handels oder der geopolitischen Strategie suchten die europäischen Mächte im 19. Jahrhundert ihren Einfluss in der Region auszudehnen. Bis dahin hatten christliche Bibliotheken vor allem in den Klöstern existiert, ihre Bestände waren aber in der Regel nur einem kleinen Personenkreis zugänglich. Nun traten Büchereien der verstärkt im Land tätigen Missionsgesellschaften und der neu errichteten Kirchen hinzu. Europäische Konsulate, christliche Kolonisten und Palästinaforscher richteten ihrerseits kleine Büchereien ein.[17] So sorgten zunächst die sich in Palästina ansiedelnden christlichen Europäer für eine stärkere Präsenz weltlicher und wissenschaftlicher Literatur; die preußische, 1847 eingerichtete Königliche Bibliothek zu Jerusalem diente der archäologischen und geographischen Forschung und gilt – etwas nostalgisch – als »Beginn eines über hundertjährigen Einflusses des deutschen Bibliothekswesens auf die Bibliotheksentwicklung Palästinas«[18].

Die Jüdische National- und Universitätsbibliothek

Das ehrgeizigste Bibliotheksprojekt des Zionismus war die Schaffung einer jüdischen Nationalbibliothek in Jerusalem. Als »Jüdische National- und Universitätsbibliothek« ist sie heute die größte Bibliothek des Nahen Ostens. Die Idee zu ihrer Gründung reicht bis in die Ära des osteuropäischen Proto-Zionismus zurück, aus dem in den 1880er Jahren die Bewegung des *Hibbat*-Zionismus hervorging. Ihre Anhänger, die »Liebhaber Zions« *(Howewe Zion)*, aktualisierten die jahrtausendealte jüdische Verbundenheit zum gelobten Land, das sie nun auch als weltliches und nicht nur als religiöses Refugium des jüdischen Volkes wahrnahmen. Die Idee einer jüdischen Nationalbibliothek machte zuerst Jehoschua Heschel Lewin aus Wolosin publik. Lewin, eine führende rabbinische Autorität seiner Zeit, veröffentlichte 1872 in der Jerusalemer Wochenzeitung *Chawazeleth* den Aufruf zur Gründung einer Bibliothek, »in der die Bücher unseres Volkes gesammelt werden, und nicht eines soll fehlen«[19]. Ihr wichtigster Förderer wurde der Arzt Dr. Josef Chasanowicz aus Białystok. Chasanowicz, 1844 im russischen Gouvernat Grodno geboren, wurde 1872 in Königsberg zum Doktor der Medizin promoviert und machte seit 1890 den Aufbau einer jüdischen Nationalbibliothek, die er selbst noch als eher traditionelle, judaistisch-hebraistische Institution verstand, zu seiner Lebensaufgabe. Bisweilen akzeptierte er Bücher sogar als Honorar für medizinische Behandlungen. Bereits 1895 übersandte er aus Białystok 9000 Bücher nach Jerusalem, im Laufe der Jahre stiftete er der zukünftigen Nationalbibliothek 40 000 Bände.[20]

In Jerusalem selbst bemühten sich Vertreter der Haskala und zunehmend auch des Zionismus, aus eigenem Antrieb um die Einrichtung moderner Bibliotheken. Dabei hatten sie gegen eine starke Opposition orthodoxer Eiferer und gegen administrative und finanzielle Schwierigkeiten anzukämpfen. So bestanden die ersten dieser Bibliotheken zuerst nur kurze Zeit oder waren bescheiden ausgestattet. Von 1875 bis 1876 existierte in Jerusalem die Montefiore Bibliothek, die zu Ehren des großen Philanthropen und jüdischen Diplomaten des 19. Jahrhunderts, Moses Montefiore, an dessen 90. Geburtstag nach ihm benannt wurde. Ihr folgte von 1884 bis 1892 die Bibliothek für das Volk Israel nach, eine bereits deutlich das Nationale betonende und von Jerusalemer Intellektuellen, darunter Elieser Ben Jehuda, unterhaltene Einrichtung. Ben Jehuda (1858–1922), der aus Litauen stammte und seit 1881 in Jerusalem lebte, ist als »Vater des modernen Hebräisch«, als entschiedenster Förderer der (Re-)Etablierung des Hebräischen als jüdische Alltags- und Nationalsprache bekannt. Es darf vermutet werden, dass er mit der Gründung der Bibliothek für das Volk Israel auch das Ziel verfolgte, für seine Sprachforschungen und das von ihm verfasste mehrbändige Wörterbuch »Thesaurus Totius Hebraitatis« auf genügend hebräische und judaistische Literatur zurückgreifen zu können.[21]

Das 1892 gegründete *Bet Midrasch Abrabanel* gilt offiziell als Nukleus der späteren Nationalbibliothek. Der Name dieses Hauses knüpfte beziehungsreich an die ältere Institution eines Bet Hamidrasch an. Zugleich war es ein geeigneter Name, Verdächtigungen osmanischer Autoritäten auszuräumen, hier handele es sich um eine nationalistische Einrichtung. Genau 400 Jahre nach der Vertreibung der Juden aus Spanien wurde durch die Namensgebung an Abrabanel erinnert, der durch seine Hilfe für die vertriebenen sefardischen Juden berühmt geworden war. Ins Leben gerufen wurde diese Bibliothek durch die Jerusalemer Loge *B'nai B'rith*, dem örtlichen Ableger der in den Vereinigten Staaten entstandenen jüdischen Logenorganisation, die in mehreren Staaten präsent war, sich für die Gleichbehandlung von Juden einsetzte und um die Pflege jüdischer Kultur bemühte.[22] Mit Briefen in mehreren Sprachen forderten die Gründer zu Buchspenden auf. Ben Jehuda steuerte seine eigene Bibliothek, etwa 1000 Bücher, bei. Den bedeutendsten Beitrag aber stellten zunächst die 9000 Bücher dar, die Chasanowicz aus Białystok übersandte. Ihm zu Ehren wurde der Name der Bibliothek um *Ginzei Josef* (»Josefs Schätze«) erweitert. Für die nun über 15 000 Bände reichte eine provisorische Unterbringung nicht mehr aus. 1899 erwarb man deshalb ein Baugelände an der Äthiopien-Straße und konnte nach weiteren intensiven Mitteleinwerbungen 1902 das *Beit Ne'eman* als erstes festes Haus eröffnen.[23]

Der Beitrag der zionistischen Kongresse, die Theodor Herzl 1897 mit dem Gründungskongress in Basel als Weltforum des Zionismus etablierte, war dabei gering. Unter Herzls Führung dominierte die programmatische Ausrichtung auf den »politischen«, um internationale diplomatische Anerkennung ringenden Zionismus. Erst als der »praktische«, auf Aktivitäten in Palästina hin orientierte Zionismus – Herzl hatte hier die Gefahr einer das ganze Unternehmen gefährdenden »Kleinkolonisation« gewittert – deutlich an Gewicht gewann, erlangte das Thema der Bildungseinrichtungen in Palästina größere Aufmerksamkeit. So setzte der siebte Kongress 1905 in Basel, auf Initiative Heinrich Loewes und durch Chasowiczs Buchsendungen motiviert, ein

Lesesaal im *Beit Ne'eman*. Die Bibliothek des 1902 in der Ethiopia Street in Jerusalem eröffneten Hauses galt bereits als Kern der zukünftigen Jüdischen Nationalbibliothek.
Foto: Z. Bassan.

eigenes Komitee ein, das die Midrasch Abrabanel Bibliothek in eine Nationalbibliothek überführen sollte. Wegen Streitigkeiten mit der Jerusalemer Loge B'nai B'rith, fehlender Finanzmittel und des Stillstands der Aktivitäten in den Kriegsjahren, erfolgte die offizielle Übernahme der Bibliothek durch die Zionistische Organisation jedoch erst 1918.

Bereits 1914 war auf Initiative Heinrich Loewes eine Buchsammelstelle in Berlin (→Kap. 4) eingerichtet worden, die nach Ende des Ersten Weltkriegs rund 10000 Bände nach Jerusalem übersandte und als Modell für viele weitere Literatursammelpunkte diente.[24] Als 1918 die Gründung der Hebräischen Universität beschlossen wurde, bedeutete dies einen weiteren Impuls für die Nationalbibliothek, die nun auch zum Kernbestand der späteren Universitätsbibliothek wurde. Mit der Inauguration der Universität im Jahre 1925 wurde offiziell als eigenes Institut auch die Jüdische National- und Universitätsbibliothek (JNUB) eröffnet. Dank der organisierten Sammeltätigkeit der Buchsammelstellen in zahlreichen europäischen Städten, dank der Stiftung

Das 1930 fertig gestellte Wolffsohn-Haus der Jüdischen National- und Universitätsbibliothek auf dem Skopusberg in Jerusalem. Das Gebäude basiert auf den Entwürfen der schottischen, christlichen Architekten Patrick Geddes und Frank Mears, deren orientalisierende Architektur – im Einklang mit städtebaulichen Vorgaben der britischen Mandatsbehörden – ihrer Vision Zions entsprach.

oder des Ankaufs zahlreicher Privatbibliotheken, darunter auch der des Orientalisten Ignacz Goldziher aus Budapest, und dank der Sammlungen aus den Vereinigten Staaten, umfasste der Buchbestand 1926 bereits über 110 000 Bände. Zum Stichtag 1. Januar 1927 hatte sich der Bestand auf 140 900 Bände erhöht, wobei 63 100 Bände in deutscher und 30 500 Bände in hebräischer Sprache die größten Anteile stellten.[25] 1945 besaß die JNUB fast eine halbe Million Bände.

Erster Direktor der JNUB war ab 1920 der Philosoph Hugo Shmuel Bergmann (1883–1975), der zuvor auch als Bibliothekar an der deutschsprachigen Karls-Universität Prag tätig gewesen war. Mit dem deutschen Bibliothekssystem vertraut, griff Bergmann gleichwohl das Prinzip der amerikanischen »Free Public Library« auf,[26] die unter anderem durch offene Regale und eine themenorientierte Systematik eine allgemein stärkere Dienstleistungscharakteristik als die konventionell sammelnde Magazinbibliothek aufweist. Mit dem 1930 eröffneten Wolffsohn-Haus, dem neuen, funktionalen Gebäude der JNUB auf dem Skopusberg, konnte sowohl ein hoher wissenschaftlicher als auch demokratischer Anspruch realisiert werden. Die Bibliothek stand Lesern der Universität und des ganzen Landes offen, und wurde von Siedlern, Arbeitern und Gelehrten genutzt.[27] Da sich die Bibliothek im neuen Haus auf dem Skopus außerhalb des Stadtzentrums befand, wurde parallel dazu der Ausbau der innerstädtischen Yeschurun-Bibliothek gefördert. Diese avancierte praktisch zu einem externen Lesesaal der JNUB für die Stadtbewohner.[28]

Bergmann professionalisierte die Bibliothek durch die Anstellung geschulter Experten. Als Bibliothekar der Hebraika-Sammlung konnte er den aus Deutschland stammenden jungen Gelehrten Gershom Scholem (→Kap. 4) gewinnen, der sich durch die Erforschung der jüdischen Mystik wissenschaftlich zu profilieren begann. Für Scholem boten die Übersiedlung nach Jerusalem und die Anstellung als Bibliothekar optimale Voraussetzungen für seine Karriere, die ihn zum berühmtesten Kabbala-Forscher werden ließ. Er beteiligte sich an der Herausgabe der bibliographischen Vierteljahresschrift der Bibliothek und adaptierte das amerikanische Dewey-Klassifikationssystem für die Katalogisierung von Judaica. Bis heute ist dieses Verfahren in Israel als »Scholem-Methode« bekannt. Darüber hinaus fand er Zeit für eigene Forschungen, aufgrund derer er zunächst zum Dozenten und 1933 zum Professor für jüdische Mystik und Kabbala ernannt wurde. Für Scholem als weltlichem Erforscher der religiösen jüdischen Mystik, der an der Universität auf dem Skopusberg arbeitete, war der orthodoxe Stadtteil Jerusalems eine Fundgrube:

»Unsere Wohnung befand sich im zweiten Haus jenseits des ganz streng orthodoxen Viertels ›Me'ah Sche'arim‹ (›hundert Tore‹). […]

Man könnte sagen, daß wir, außerhalb der Mauer dieses orthodoxen Paradieses, geradezu allegorisch wohnten. Zwei Minuten die Straße hinunter begann die Hauptstraße dieses Viertels, wo sich die Antiquariate zusammendrängten. Deren Eigentümer verstanden Gott sei Dank nur wenig von den Schätzen, auf denen sie oft genug saßen und die sie von den Witwen verstorbener Einwohner für ein Geringes erworben hatten. Sie konnten zwar fromme Bücher lesen, Mischna lernen, und einer von ihnen, Mosche Aksel, gehörte zu den Brazlawer Chassidim, deren »Stibl« sich im obersten Stockwerk des ersten Hauses innerhalb der Mauern befand, auf das wir von unserer Straße aus blicken konnten, aber hebräische Bibliographie war hier unbekannt. Lag oben mein Arbeitsplatz, so war hier mein Tummelplatz.«[29]

Unter anderem dank dieser Entdeckung baute Scholem eine einzigartige Sammlung auf, die mit der ähnlich interessierter Sammler, wie der des Verlegers Salman Schocken (→Kap. 5), konkurrierte. 1987 gelangten Scholems Privatarchiv und Bibliothek in den Besitz der JNUB. Heute wird die in einem eigenen Lesesaal untergebrachte Scholem-Bibliothek neben Akademikern vor allem von ultra-orthodoxen Juden benutzt.

Arbeiterbibliotheken, öffentliches Bibliothekswesen und deutscher Einfluss

Vor der Gründung der JNUB hatte sich bereits eine weit breitere moderne Bibliothekskultur in Palästina entwickelt. Die Einwanderer der ersten Alija, die nach den Pogromen von 1881/82 aus dem russischen Ansiedlungsrayon flüchteten, gründeten in Palästina die ersten modernen Siedlungen, deren Fortbestand angesichts der ungewohnten klimatischen Bedingungen und fehlender Eigenmittel aber unsicher war. Im Zuge des Aufbaus der Siedlungen richteten die ersten Einwanderer auch Büchereien ein. Die erste dieser Büchereien existierte seit 1883 in Rischon Le-Zion, bereits ein Jahr nach der Entstehung der Siedlung. Mit der zweiten Alija (1904–1919) verbreiteten sich Arbeiterbibliotheken in Palästina. Die Immigranten dieser Einwanderungswelle, die in der Folge des Pogroms von Kischinew und der russischen Revolution von 1905 einsetzte, wie auch die der dritten Alija (1919–1923), die durch die russische Oktoberrevolution ausgelöst wurde, waren durch sozialistisch-zionistische Vorstellungen und dem politischen Ziel der Formierung einer organisierten Arbeiterklasse geprägt. So sind auch die Wurzeln der von ihnen initiierten Arbeiterbibliotheken in den Bibliotheken der jüdischen sozialistischen Organisationen Osteuropas zu sehen (→Kap 1). Angepasst an die lokalen Bedingungen, wurden die Arbeiterbibliotheken in Palästina stets als Teil von Gemeinschaftseinrichtungen, zunächst in Speisesälen oder in Arbeiter-Clubs in den Siedlungen und Städten, eingerichtet.[30] Über die Arbeiterbibliothek von Petah Tikvah etwa ist bekannt, dass sie zu Anfang des 20. Jahrhunderts zugleich auch allabendlicher Treffpunkt und ein Forum für angeregte Dis-

Heinrich Loewe, der
von 1933 bis 1948 die
Tel Aviver Stadt-
bibliotheken leitete.

kussionen von Lokal- und Weltpolitik war. Im wechselnden Turnus leisteten die Arbeiter Petah Tikvahs freiwilligen Bibliotheksdienst. Gewöhnlich enthielten die Arbeiterbibliotheken Werke zur allgemeinen und zur jüdischen Geschichte, Belletristik und, wie in Osteuropa, sozialistische Literatur, die dort aber illegal gewesen war. Hinzu kamen – ein Zeichen der Anpassung an die besonderen Landesumstände – Bücher zu Landwirtschaft und Technik sowie zur Geographie Palästinas. Um den besonderen Bedürfnissen im Land gerecht zu werden, beschloss im Jahr 1911 die Organisation der Landarbeiter Judäas die Einrichtung von Wanderbibliotheken, mit der auch entlegene Siedlungen erreicht werden konnten. Waren die Bestände dieser Wanderbibliotheken zunächst nur spärlich, bildeten sie doch den Grundbestand für die Zentralbibliothek der 1920 gegründeten Einheitsgewerkschaft *Histadruth*. Unter der zentralen Leitung der Histadruth erreichten die angeschlossenen Arbeiterbibliotheken ihren Zenit in den zwanziger und dreißiger Jahren.[31] In Palästina war die sozialistische Variante der Volksbibliothek, die über eine eher kleine Sammlung verfügte, aber gezielt »kulturelle Wahrheiten« vermittelte, ein verbreitetes Modell.[32]

Die Wurzel des öffentlichen, kommunalen Bibliothekswesens Israels liegt in der 1884 in Jaffa wiederum von der Logenorganisation B'nai B'rith gegründeten Bibliothek. Unter dem beziehungsreichen Namen *Bet-Sfarim: Scha'ar Zion* (»Haus der Bücher: Tor Zions«) ging aus ihr die Stadtbibliothek Tel Avivs hervor. 1922 wurden für die Einrichtung, die sich in der Herzl-Straße unweit des Herzl-Gymnasiums befand, etwa 12000 Bände und täglich etwa 100, zuweilen sogar 500 Leser gezählt. Unter ihnen befanden sich eine Reihe von Kolonisten, zumal Leo Motzkin, ein vor allem auf diplomatischem Gebiet aktiver Zionist, einen reichen Bestand an Palästina-Literatur beigesteuert hatte. Aus der Sha'ar Zion-Bibliothek, der nach der JNUB zweitgrößten Bibliothek Palästinas, ging ein System von Stadtteilbibliotheken Tel Avivs hervor.[33]

Seit den dreißiger Jahren verstärkte sich der »deutsche« Einfluss auf das Bibliothekswesen Palästinas. Generell gilt die Einwanderungswelle ab 1933 als »deutsche Alija«. Heinrich Loewe, der aufgrund der NS-Gesetze seine Stelle an der Berliner Universitätsbibliothek verlor, übernahm 1933 die Leitung der Stadtbibliotheken Tel Avivs. Gotthold Weil, der aus dem gleichen Grund seine Anstellung als Bibliothekar der Preußischen Staatsbibliothek in Berlin aufgeben musste, übernahm als Nachfolger Bergmanns die Leitung der JNUB. Beide Bibliothekare brachten ihre durch das deutsche Bibliothekswesen geprägten Vorstellungen mit. Loewe orientierte die Stadtbibliotheken Tel Avivs trotz seines Ideals der Einheits- oder allgemeinen Bildungsbibliothek doch stärker an den Interessen wohlgebildeter Benutzer, hatte aber wenig Verständnis für »amüsierende Lektüre«. Gotthold Weil seinerseits nahm die amerikanische Orientierung der JNUB zurück, da er nur durch eine straffe Bibliotheksordnung glaubte, sowohl den gestiegenen wissenschaftlichen Ansprüchen als auch der gestiegenen Nachfrage gerecht werden und das Anwachsen der Bestände bewältigen zu können. Diese Linie setzte auch der ebenfalls aus Deutschland stammende Curt Wormann, der 1949 zum Leiter der JNUB ernannt wurde, konsequent fort. So ergab sich eine Ausrichtung, mit der die Bibliotheken wissenschaftlichen und bibliotheksinternen Standards gerecht wurden.[34] Kritisch ist angemerkt worden, dass das Bibliothekswesen hierdurch eine allzu starre Struktur erhalten habe, um rasch auf die Bedürfnisse der neuen Einwanderer nach der Staatsgründung Israels, der (bis 1956) 800 000 arabischen Juden, einzugehen.[35] Diese Kritik verdeutlicht letztlich das Spezifische des zionistischen Projekts, das sich auch im Bibliothekswesen widerspiegelt: Zum einen das Programm der Integration aller Schichten von Juden aus aller Herren Länder in einem Land, zum anderen den Willen, den Anschluss an das westliche Niveau, auch und gerade im Bereich der Wissenschaft zu halten. Dies bedeutete eben nicht nur, jüdische Geschichte und Kultur abzudecken, sondern in allen Fachdisziplinen stets auch den dort üblichen Wissensstandard repräsentieren zu können.[36] Gebildete Einwanderer, die an Hochschulen nach deutschem Modell studiert hatten, klagten oft, ihnen hätte für ihre Forschungen in Palästina nicht die notwendige Literatur zur Verfügung gestanden. Andererseits hatte es bereits in den zwanziger Jahren auch die Klage gegeben, die Universität Jerusalem sei angesichts von dringenderen Aufgaben, der bodenständigen Erschließung des Landes, wirklichkeitsfern: »Jerusalem lag 800 Meter hoch [...]. Man sagte: ›Die Universität liegt 800 m über dem Aufbau.‹«[37] Auch das Bibliothekswesen des entstehenden Staates zeigt die Spannung zwischen dem »Aufbau« und dem Anschluss nach außen auf.

Ein Foto aus dem Jahr 1960. Aufgrund des israelisch-arabischen Krieges von 1948 konnte die National- und Universitätsbibliothek auf dem Skopusberg, der unter UN-Verwaltung kam, praktisch nicht benutzt werden. Teile der Bibliothek fanden eine temporäre Unterkunft im Terra Sancta-Gebäude in Jerusalem. Hier werden Bücher für den Umzug in das neue Bibliotheksgebäude der Universität im Stadtteil Givat Ram sortiert.

4 Urbane Lesewelten: Berlin

Einem schönen Kompliment zufolge war die Berliner Universität einmal die »höchste aller Jeschiwas«.[1] Wer dies schrieb, war Simon Dubnow. Von 1922 bis 1933 verbrachte er sein ertragreichstes Jahrzehnt in Berlin. Als er hierher übersiedelte, eilte ihm bereits das Renommee eines namhaften Historikers und politischen Schriftstellers voraus. Weder stand er für »Assimilation« noch für »Zionismus«, sondern für ein national-autonomes Selbstverständnis *in* den europäischen Siedlungsgebieten der Juden. In seiner russischen Heimat hatte er unter den Bedingungen nach der Oktoberrevolution nicht leben wollen. In Kovno, wohin er zunächst ging, war an der Universität für ihn als jüdischen Wissenschaftler kein rechtes Fortkommen möglich. Mit Disziplin, Ausdauer und bewährter Mithilfe der Gattin Ida gelang in Berlin der Abschluss lange gereifter Arbeiten. Dazu zählte die monumentale »Weltgeschichte des jüdischen Volkes«. Mit dem erstmals vollständig in zehn Bänden im Jüdischen Verlag Berlin erschienenen Werk avancierte Dubnow zum führenden jüdischen Historiker seiner Zeit. Die russisch-jüdischen Emigranten in Berlin schätzten Dubnow als führende intellektuelle Persönlichkeit. Weiterhin blieb Dubnows Lebensweg (→Kap. 1) von Bibliotheken gesäumt. 1925 traf endlich, fünftausend Bücher stark, die eigene Sammlung aus Kovno ein. Mangels Platz vermachte er sie der Bibliothek der Jüdischen Gemeinde. Dubnows Wahl Berlins als Wohnsitz in einer wichtigen Schaffensphase und sein Kompliment an die Universität sind Indikatoren der Ausstrahlung, die von der Stadt auch dank ihrer Bildungs- und Kulturangebote auf Juden ausging.[2]

1925 zählte die Bevölkerungsstatistik Groß-Berlins 172672 Juden, die somit 4,29 Prozent der Stadtbevölkerung und ein Drit-

Zwei fromme Juden vor der »Buchhandlung Rosenberg« in der Grenadierstraße. Das »Scheunenviertel« hinter dem Alexanderplatz – literarisch unter anderem von Alfred Döblin und Heinrich Zille verarbeitet, noch heute oft nostalgisch und klischeehaft verklärt, seinerzeit von antisemitischer Propaganda verzerrt – war als Gegend der Kriminalität, Prostitution und der stickigen Kneipen bekannt. Hier siedelten sich nach dem Ersten Weltkrieg auch arme, orthodoxe Juden aus dem östlichen Europa an. Foto von Walter Gircke, 1928.

Simon Dubnow
(1860–1941).

tel der jüdischen Einwohner des Reichs ausmachten. In Berlin lebten in der Mehrzahl seit
längerem ansässige bürgerliche Juden. Ein Viertel der jüdischen Bevölkerung Berlins besaß
1925 eine ausländische Staatsangehörigkeit.
Seit Ende des 19. Jahrhunderts waren Juden,
darunter viele hochgebildete, aus den östlichen
Provinzen Preußens und den angrenzenden
osteuropäischen Ländern in die Stadt gekommen. Aufgrund der Umwälzungen des Weltkrieges wuchs der Zustrom in die Stadt, die, mehr
als andere Orte, wirtschaftliche und soziale
Möglichkeiten verhieß. Das »Scheunenviertel«
wurde zum Zentrum orthodoxer, Jiddisch spre-
chender Juden.[3] Dabei zeigte die Bevölkerungsstatistik, dass sich die jüdischen Emigranten
nur teilweise dauerhaft in Berlin niederließen.
Für viele von ihnen war die Stadt nur eine Durchgangsstation auf
dem Weg nach Amerika oder Palästina, ein Teil von ihnen war von
Zwangsausweisungen aus Berlin betroffen.[4]

Das Panorama jüdischer Bibliotheken in Berlin

Jüdische Bibliotheken in ihrer modernen, institutionellen Form
entstanden in Berlin im letzten Viertel des 19. Jahrhunderts. Dabei weist die Abfolge ihrer Etablierung Parallelen zur nicht-jüdischen Bibliotheksgeschichte auf. Zuerst wurden in den 1870er
Jahren zwei wissenschaftliche jüdische Bibliotheken etabliert.
Um die Jahrhundertwende standen dann die Jüdische Lesehalle
und die Bibliothek der Jüdischen Gemeinde an der Spitze des
Trends der Bücherhallenbewegung bzw. der Einheitsbiblio-
theken, die wissenschaftliche wie populäre Leseinteressen be-
dienten. Angesichts zahlreicher traditioneller Einrichtungen und
einer Reihe von vor und nach dem Ersten Weltkrieg neu gegründeten Bibliotheken ist schließlich für das jüdische Bibliothekswesen Berlins in den Jahren der Weimarer Republik die große

Vielfalt des Angebots charakteristisch. Oft nur wenige hundert Meter voneinander entfernt befanden sich:

- die Sammlungen der Berliner Universität und der Preußischen Staatsbibliothek, die über bedeutende Judaika- und Hebraika-Bestände von 5000 bzw. 12000 Bänden verfügten,
- die Bibliothek der 1872 gegründeten Hochschule für die Wissenschaft des Judentums,
- die Bibliothek des 1873 gegründeten orthodoxen Rabbiner-Seminars zu Berlin,
- die 1895 gegründete Jüdische Lesehalle und Bibliothek,
- die 1902 gegründete Gemeindebibliothek, die die Jüdische Lesehalle übernahm und bis 1932 neun Außenstellen in den Stadtteilen etablierte.[5]

Hinzu kamen

- religiöse Sammlungen in Synagogen und den ihnen angeschlossenen Lehrhäusern,
- zahlreiche weltliche Buchläden und
- nach 1920 die orthodoxen Leihbüchereien des »Scheunenviertels«.

Des Weiteren wurde von Berlin aus seit 1914 der Aufbau der jüdischen Nationalbibliothek in Jerusalem durch eine zentrale Buchsammelstelle bedeutend unterstützt. Der Abwehr des Nationalsozialismus diente seit 1929 das »Büro Wilhelmstraße«, eine von jüdischen Organisationen finanzierte Einrichtung, die Archiv, Bibliothek und Agitationszentrale in einem war.

Hochschule für die Wissenschaft des Judentums und Rabbiner-Seminar zu Berlin

Im Zuge der Emanzipation, der rechtlichen Gleichstellung im 19. Jahrhundert, hatte es die Hoffnung gegeben, dass deutsche Universitäten jüdisch-theologische Fakultäten einrichteten. Dies realisierte sich nicht. In gewisser Hinsicht einen Ersatz stellte zunächst das 1854 in Breslau begründete Jüdisch-Theologische Seminar dar und Ähnliches gilt für die Hochschule für die Wissenschaft des Judentums in Berlin. Namen sagen in diesem

Die Hochschule (bzw. Lehranstalt) für die Wissenschaft des Judentums im 1907 eingeweihten Neubau in der Artilleriestraße 14.

Zusammenhang viel: Wenige Jahre nach ihrer Eröffnung hatte sie sich mit dem Namen »Lehranstalt« zu bescheiden, um als öffentlich-rechtliche Körperschaft anerkannt zu werden. In den Jahren der Weimarer Republik durfte sie wieder »Hochschule« heißen (die Nationalsozialisten erkannten ihr diesen Namen wieder ab). Die Gründer der Hochschule im 19. Jahrhundert waren von einem universalistisch-aufklärerischen Anspruch erfüllt. Es galt, »die alte Jeschiba und das Beth-Hamidrasch für die heutigen Juden gemäß neuen wissenschaftlichen Forderungen und Lebensverhältnissen wieder zu beleben«[6]. Auf universitärem Niveau ver-

einte die »Wissenschaft des Judentums« Theologie, Philosophie,
Geschichte, Literatur, Recht und weitere Disziplinen. Wichtig war
den Betreibern der Hochschule auch die räumliche Nähe zur Berliner Universität, um den eigenen Absolventen dort den Besuch
von Vorlesungen zu ermöglichen. Offen stehen sollte die Hochschule allen, auch nichtjüdischen Studenten. Tatsächlich bildete
man jedoch vor allem Rabbiner und Religionslehrer aus, nicht zuletzt, weil für die Absolventen akademische Karrieren lange nicht
verfügbar waren. Zu den Studenten zählten vorwiegend deutsche
als auch osteuropäische Juden – zwei Welten von Studenten mit
ganz unterschiedlichen Vorkenntnissen. In den 1920er Jahren
richtete man deshalb eine auf die jeweiligen Wissenslücken ab-
gestimmte »Präpanderie« ein, »um den Mangel an jüdischen
Vorkenntnissen der deutschen Studenten, dem Mangel an All-
gemeinbildung der osteuropäischen Studenten zu begegnen«[7].
Im Wintersemester 1927/28 zum Beispiel kamen 32 Hörer aus

Lesesaal des Rabbiner-
Seminars zu Berlin,
ca. 1925.

Deutschland, 19 aus Polen, 3 aus Jugoslawien, 3 aus Ungarn, und 10 aus weiteren sieben Ländern; 1932 wurde mit 128 männlichen und 27 weiblichen Studierenden ein Höchststand in der Geschichte der Hochschule für die Wissenschaft des Judentums verzeichnet.[8]

Einer ihrer Gasthörer in den turbulenten Anfangsjahren der Weimarer Republik war Franz Kafka. Ende 1923 nahm er an der Präpanderie der Hochschule teil. Ihr Angebot stellte für Kafka – wie beinahe zu erwarten, aber vielleicht doch mehr als nur eine kuriose Fußnote wert – vor allem ein Refugium dar, das ihn zugleich irritierte. Hier fand er, so schrieb er knapp in einem Brief, einen »Friedensort in dem wilden Berlin und in den wilden Gegenden des Inneren«: »Ein ganzes Haus schöne Hörsäle, große Bibliothek, Frieden, gut geheizt, wenig Schüler und alles umsonst.« Zugleich hielt er die Hochschule für »eher merkwürdig bis zum Grotesken und darüber hinaus bis zum unfaßbar Zarten (nämlich das Liberalreformerische, das Wissenschaftliche des Ganzen)«[9].

Eine wichtige Säule der Hochschule war in der Tat die Bibliothek. Von Anfang an verdankte sich ihr Bestand einer Reihe von Schenkungen und Erwerbungen von Privatbibliotheken. Den Grundstock bildete die Sammlung Professor Levys aus Breslau, 1874 erwarben zwei Gönnerinnen aus Leipzig die Bibliothek Julius Fürsts, ein Jahr später erwarb man die Bibliothek Abraham Geigers, des Mitbegründers der Hochschule selbst. Der eigene Bibliotheksetat blieb lange knapp, doch dank Spenden und Schenkungen zählte man 1907 21 000 Bände und 115 Handschriften, 1922, zum fünfzigjährigen Bestehen, über 35 000 Bände, 1936 waren es fast 60 000.[10]

In Konkurrenz zur Hochschule stand das orthodoxe Rabbiner-Seminar zu Berlin. Von der Berliner (Haupt-)Gemeinde hatte sich 1869 die orthodoxe, gesetzestreue Gemeinde *Adass Jisroel* abgespalten, 1885 wurde sie durch königliche Verordnung als eigene jüdisch-orthodoxe Gemeinschaft anerkannt. Toratreue wurde gegen die reformerische Angleichung der Religion an die nicht-jüdische Umwelt gesetzt. Für die Leitung der Gemeinde wurde Dr. Esriel Hildesheimer (1820–1899) gewonnen, der seine Zusage an die Bedingung knüpfte, seine Lehrtätigkeit in einer eigenen Institution fortsetzen zu können. Das 1873 gegründete und von Hildesheimer lange selbst geleitete Rabbiner-Seminar zu Berlin strahlte weit über die Stadt, vor allem auch nach Osteuropa aus.[11] Die Bibliothek des Rabbiner-Seminars zählte bald zu den bedeutenden Hebraika- und Judaika-Sammlungen in Deutschland. 1904 belief sich ihr Bestand auf 8000, Ende der zwanziger Jahre auf 15000 Bände.[12]

Nach der Jahrhundertwende befanden sich die konkurrierenden Häuser der Hochschule für die Wissenschaft des Judentums und des Rabbiner-Seminars zu Berlin in der gleichen Straße, in der Artilleriestraße Nr. 14 bzw. 31.

Jüdische Lesehalle und Bibliothek

Die Entstehung der Jüdischen Lesehalle und Bibliothek lässt sich mit der so genannten »Bücherhallenbewegung« in Verbindung bringen. Die Anregung für diese Bewegung ging vom amerikanischen und englischen Beispiel der *Public Libraries* aus, die sich, liberal und demokratisch, am Interesse ihrer Leser orientierten. Die Förderer der Bücherhalle forderten nach diesem Modell zu Ende des 19. Jahrhunderts auch in Deutschland die Aufhebung der Trennung zwischen der so geschätzten wissenschaftlichen und der meist vernachlässigten oder bevormundeten Volksbibliothek.[13] In Berlin kam die Gründung des Vereins Jüdische Lesehalle und Bibliothek der Eröffnung der ersten öffentlichen Lesehalle der Stadt noch zuvor. Während den allgemeinen öffentlichen deutschen Bibliotheken allerdings die Lösung von volkspädagogischen Vorgaben um die Jahrhundertwende nicht wirklich gelang, war es der Wunsch nach vollständiger Verfügbarkeit von Werken der Wissenschaft, Kunst, vor allem aber auch der politischen Publizistik, der jüdische Studenten und einige Vereine 1895 zur Eröffnung der Jüdischen Lesehalle veranlasste. Dabei ist eine eigene kulturelle und politische Zielsetzung gleichwohl unverkennbar. Im ersten Jahrzehnt des 20. Jahrhunderts setzten ihre Betreiber nicht nur auf eine Förderung allgemeiner jüdischer Bildung, sondern auf »eine wahre Stärkung im Kampf gegen die

In der Jüdischen Lesehalle, Berlin, 1905.

andrängenden Feinde«, auf »Selbsterkenntnis [als] notwendige Voraussetzung für die Selbstverteidigung«.[14] Tagesaktuelle Information und geschichtliches Wissen dienten der Stärkung jüdischen Selbstbewusstseins und nicht zuletzt der Abwehr des Antisemitismus. Im Jahr 1910 lagen laufend 12 allgemeine deutsche und 85 jüdische Zeitschriften und Zeitungen in zehn Sprachen ohne Unterschied der Parteirichtung aus – »reizvoll und erschütternd zugleich, bleibt der jüdische Einheitsgedanke unversehrt«, urteilte der Jahresbericht angesichts dieser Fülle.[15] Das Angebot der Jüdischen Lesehalle wurde von männlichen wie weiblichen Lesern aus praktisch allen Schichten genutzt. In manchen Monaten des Jahres 1910 zählte man knapp 3000 Besucher. In den Räumen der Lesehalle fanden Geschichts- und hebräische Sprachkurse statt. Die Bibliothek zählte zu dieser Zeit ca. 7200 Bände, wobei Belletristik, Hebraika und geschichtliche Literatur die größten Posten ausmachten. An der Finanzierung beteiligten sich unter anderem der Verein für jüdische Geschichte und Literatur, die

Berliner B'nai-B'rith-Logen und die Berliner Jüdische Gemeinde. Diese übernahm 1920 die Lesehalle und Bibliothek, ihre Bestände bildeten den Grundstock der ersten Stadtteilbücherei der Gemeinde.

Die Bibliothek der Jüdischen Gemeinde

In der Bibliothek der Jüdischen Gemeinde Berlin. Foto: Abraham Pisarek, ca. 1935.

Die Bibliothek der Jüdischen Gemeinde, 1898 begründet und 1902 eröffnet, war von Anfang an als Allgemeinbibliothek konzipiert. Sie bot ein breites wissenschaftliches und populäres Profil und stand jüdischen wie nicht-jüdischen Lesern offen. 1910 wurde die ältere, kleinere Sammlung des Deutsch-Israelitischen Gemeindebundes übernommen und ein neues Domizil in der Oranienburger Straße bezogen. Zunehmend fungierte sie als Hauptbibliothek, der schließlich neun Zweigstellen in den Stadtbezirken angeschlossen waren. Rabbiner Moritz Stern, ihrem Bibliothekar

in den Jahren 1905 bis 1931, verdankt sie ihren Ausbau zu einer erstrangigen Einrichtung. 1927 hielt sie rund 48000 Bände bereit.

Zu den eifrigsten Benutzern der Bibliothek zählte Gershom Scholem (1897–1982). Mit Vornamen »Gerhard« als Sohn religiös und politisch äußerst liberaler Eltern in Berlin aufgewachsen, hat Scholem beschrieben, wie diese »assimilierte« Haltung sein historisches Interesse und seine jugendliche Neugier an allem Jüdischen alles andere als befriedigte. Das vermochte auch der Religionslehrer Dr. Barol nicht, der zu den jüdischen Festtagen mit nicht mehr als »sehr kursorischen Erklärungen« aufwartete. Dennoch verdankte Scholem ihm einen der ersten Schritte zur eigenen Gelehrtenkarriere, an der auch die Bibliothek der Jüdischen Gemeinde ihren Anteil hatte:

Bibliothek
der
jüd.Gemeinde
Geöffnet
Sonnabend, Mittwoch, Freitag
u. an den staatlich gebotenen Feiertagen
von 10 – 2 Uhr
Montag, Dienstag, Donnerstag
u. vom 1.Oktober – 31. März auch Sonnabend
von 6–9 Uhr Abends.

Emailliertes Metall-
schild der Hauptbiblio-
thek der Jüdischen
Gemeinde in der
Oranienburger Straße,
um 1920.

»Dabei stellte sich später heraus, daß dieser Langeweiler Dr. Moses Barol in Wirklichkeit ein sehr gelehrter, aus Odessa stammender Mann war, der als Bibliothekar an der Lehranstalt für die Wissenschaft des Judentums, dem liberalen Rabbinerseminar, amtierte. Aber an pädagogischem Eros fehlte es ihm. Eines Tages zeigte er uns im Sommer 1911 die drei dicken Bände der Volksausgabe der ›Geschichte der Juden‹ von Heinrich Graetz (ohne die wissenschaftlichen Zusätze), unstreitig eines der bedeutendsten Werke jüdischer Historiographie. Als ich Dr. Barol fragte, wo man das lesen könne, verwies er mich an die sehr bedeutende (und ausgezeichnet sortierte!) Bibliothek der jüdischen Gemeinde in der Oranienburger Straße, wo sich auch so halbwüchsige Burschen wie ich einschreiben konnten, wenn sie nur einen Zettel von Vater oder Mutter brachten (den mir meine Mutter ohne weiteres gab), in dem sie für ihren Sprößling garantierten. Jahrelang habe ich zu den eifrigsten Lesern dieser Bibliothek gehört, der ich viel von meiner jüdischen Bildung verdanke. Der Direktor der Bibliothek, Dr. Moritz Stern, schwebte für mich zwar in unerreichbaren Höhen, aber die Dame, die für die Ausleihe zuständig war und sich zuerst über diesen unermüdlichen Vierzehnjährigen wunderte, verwandelte sich bald in eine fast mütterlich umsorgende Gestalt.«[16]

Von Berlin nach Palästina

Von 1911 bis 1920 war Berlin Sitz der Zionistischen Weltorganisation. In Deutschland selbst hatte der Zionismus lange Zeit nur relativ wenige Anhänger, 1912 verzeichnete die »Zionistische Vereinigung in Deutschland« gerade 8400 Mitglieder.[17] Dennoch gingen in den Jahren der Präsidentschaft Otto Warburgs bedeutende Impulse von deutschen Zionisten aus. Auf bibliothekarischem Gebiet tat sich in Berlin besonders Heinrich Loewe hervor. Auf seine Initiative geht die im Mai 1914 in Berlin eingerichtete Hauptsammelstelle für die zukünftige Universitätsbibliothek in Jerusalem zurück. Durch die Bemühungen Menachem Mendel Ussishkins, der zu den führenden russischen Zionisten zählte, gingen

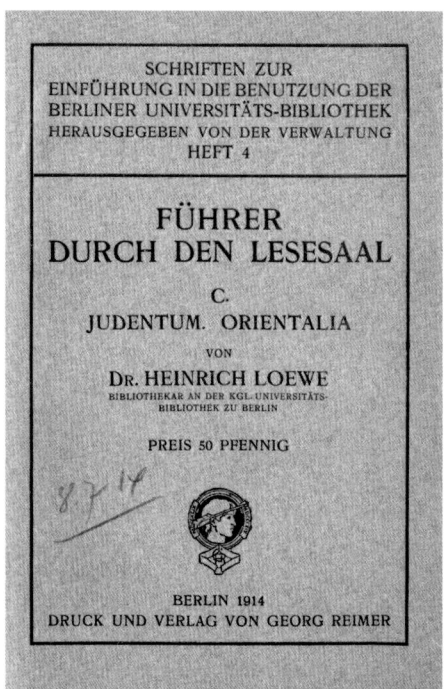

Von 1899 bis 1933 arbeitete Heinrich Loewe als Bibliothekar an der Berliner Universitäts-Bibliothek, für die er den »Führer durch den Lesesaal, C., Judentum. Orientalia« erstellte.

der Sammelstelle noch vor Ausbruch des Weltkrieges drei medizinische Bibliotheken russländisch-jüdischer Ärzte aus Tschernigow, Odessa und Kovno zu. Nach Kriegsende wurde die Sammeltätigkeit im Auftrag der zionistischen Exekutive in vollem Umfang wieder aufgenommen; im Winter 1920/21 übersandte die Berliner Sammelstelle bereits 10 000 Bücher und kleine Schriften nach Jerusalem. Mit Hilfe von Mitteln amerikanischer Zionisten kaufte sie systematisch Bücher für verschiedene Fächer der Universität. Nach dem Berliner Vorbild gegründete Komitees und Sammelstellen in weiteren europäischen Städten schlossen sich an. Darüber hinaus machte sich die Berliner Hauptsammelstelle daran, Bestände für die Bibliothek des Technions in Haifa bereitzustellen.[18]

Das Zionistische Archiv in Berlin sammelte seit 1919 die wichtigsten Dokumente der zionistischen Organisationen sowie bedeutende Nachlässe. Leiter des Archivs war der jüdische Historiker Georg Herlitz. Noch bevor er Ende 1933 selbst emigrierte, gelang ihm, an der Gestapo vorbei, die Verschickung der Bestände. In 154 Kisten verpackt, erreichten sie auf dem Seeweg Palästina. Damit war der Grundstock des ältesten Archivs Israels gelegt, des Zionistischen Zentralarchivs (Central Zionist Archive) in Jerusalem. Herlitz selbst wurde »zum geistigen ›Ziehvater‹ einer ganzen Generation von Archivaren in Israel«.[19]

Aufgrund der Gesetzgebung der Nationalsozialisten mussten jüdische Bibliothekare an staatlichen Bibliotheken ihre Stellung aufgeben. Einige Berliner Bibliothekare, ob Zionisten oder nicht, fanden in Palästina und Israel neue, zum Teil bedeutende Anstellungen (→Kap. 4). Heinrich Loewe, neben seinen vielen ehrenamtlichen Tätigkeiten im Hauptberuf Leiter der Judaika- und Orientalia-Abteilung der Universitätsbibliothek, wurde 1933 von dieser entlassen. Anstellung fand er bei der Tel Aviver Stadtbiblio-

thek, als deren Leiter er weiterhin bedeutenden Einfluss auf das
jüdische Bibliothekswesen nahm. Gotthold Weil, bis 1935 Direktor der Abteilung für Orientalistik an der Preußischen Staatsbibliothek, leitete nach seiner Übersiedlung nach Palästina von 1935
an die Jüdische National- und Universitätsbibliothek in Jerusalem. Sein Nachfolger wurde 1947 Curt Wormann, der in Deutschland Direktor verschiedener öffentlicher Bibliotheken und Dozent
für Bibliothekswissenschaft in Berlin gewesen war. In Jerusalem
gründete Wormann darüber hinaus 1956 an der Hebräischen Universität die heutige School of Library, Archive and Information
Studies.[20]

»Büro Wilhelmstraße« – Archiv und Bibliothek gegen den Nationalsozialismus

Archiv, Bibliothek und Agitationszentrale gegen den Nationalsozialismus in einem war das 1929 gegründete »Büro Wilhelmstraße«. Dieses halb im Geheimen operierende Büro war inoffi-
ziell mit dem Central-Verein deutscher Staatsbürger jüdischen
Glaubens, kurz C. V. verbunden. Der C. V., 1893 in Berlin als Ab-
wehrorganisation gegen den Antisemitismus gegründet, war zur
größten deutsch-jüdischen Organisation geworden. Vom liberalen jüdischen Bürgertum getragen, intervenierte der C. V. bei Behörden und Gerichten gegen Rechtsverstöße, und wies früh auf
die vom Nationalsozialismus ausgehende Gefahr hin.
Eine veränderte Gangart schlug der C. V. ein, indem er, hinter
den Kulissen, die anti-nationalsozialistische Agitation und Gegenpropaganda des »Büro Wilhelmstraße« unterstützte. Die hinter
verschiedenen Namen verborgene Einrichtung wurde zunächst in
der Wilhelmstraße inmitten des Berliner Regierungsviertels eingerichtet. In der Nachbarschaft lagen eine Reihe von Ministerien,
das Büro Hindenburgs und das Hotel Kaiserhof, das Berliner
Hauptquartier Hitlers. Nomineller Leiter der Einrichtung war
Oberstleutnant a. D. Max Brunzlow, Mitglied der DDP. Der lei-
tende Archivar war Walter Gyssling, Journalist und Mitglied des
Reichsbanner Schwarz-Rot-Gold. Als Verbindungsmann zum

C. V. agierte Hans Reichmann, dem auch ein Rückblick auf die Arbeit des Büros zu verdanken ist.[21] Gyssling hatte bereits ab Sommer 1928 für den Verein zur Abwehr des Antisemitismus gearbeitet. Seine Arbeitsgrundlage im Büro Wilhelmstraße war eine Bibliothek der gesamten greifbaren NS-Literatur und -Presse. Gyssling wertete die Materialien personen- und sachbezogen aus. Stenografen protokollierten öffentliche Reden von Nazis, ob sie im Berliner Sportpalast oder in der Provinz auftraten. Beobachter sandten Mitteilungen zu lokalen Wahlen ein. So entstand bis Anfang 1933 ein Archiv von 200000 Informationseinheiten. Diese Materialien bildeten die Basis für Informationen an mehrere Pressedienste. Im laufend aktualisierten »Anti-Nazi«, einer Fortsetzung des vom C. V seit 1924 herausgegebenen Handbuchs »Anti-Anti«, stellte das Büro Informationen über das NS-Programm zusammen. Die durch Zugewinne der NSDAP bei den Wahlen im September 1930 alarmierten »Systemparteien« der Weimarer Republik und die Gewerkschaften griffen dieses parteienunabhängig erstellte, gezielt gegen die Nazis gerichtete Angebot auf. Anlässlich der Reichstagswahl waren vom Büro millionenfach Plakate, Handzettel, Flugblätter und Broschüren gedruckt worden. Das republiktreue »Reichsbanner« hatte die Verbreitung übernommen und arbeitete auch danach eng mit dem Sonderbüro, das in der letzten Phase seiner Existenz aus Sicherheitsgründen aus der Wilhelmstraße wegzog, zusammen. Nach der Machtübernahme der Nationalsozialisten verbrachten die Leiter des Büros die Archivbestände fluchtartig nach Bayern, um sie dort in einer Fabrik einstampfen zu lassen.[22]

Das Büro, von verschiedenen jüdischen Organisationen und vor allem vom C. V. getragen, vereinte in einzigartiger Weise die Dokumentation der nationalsozialistischen Ideologie, Absicht und Tat mit einer gezielten Gegenpropaganda. In gewisser Weise lag hier der Ursprung der Wiener Library. Ihr Gründer, Alfred Wiener, setzte in verwandter Form ab 1933 in Amsterdam und ab 1939 in London die Aufklärungsarbeit gegen den Nationalsozialismus fort.

Alfred Wiener (1885–1964) wurde in Potsdam geboren. Nach dem Studium an der Lehranstalt für die Wissenschaft des Judentums und der Berliner Universität promovierte er an der Universität Heidelberg über arabische Literatur. In seiner ersten Anstellung 1911–1914 war er Privatsekretär Paul Nathans, des Mitbegründers des Hilfsvereins der deutschen Juden. Danach stieg Wiener im Central-Verein bald zu einem Syndikus auf. Hier war sein Feld die theoretische Analyse des Antisemitismus und die Verteidigung gegen den Nationalsozialismus. Schon 1919 trat er mit öffentlichen Vorträgen zu Themen wie »Im Kampfe mit den Antisemiten« auf; die zwanziger Jahre hindurch blieb er alarmiert über den Erfolg nationalsozialistischer Propaganda in bestimmten Gesellschaftsgruppen.[23] An der täglichen Arbeit des »Büro Wilhelmstraße« war Alfred Wiener nicht direkt beteiligt. Auch entsprach die aggressive, tagespolitische Gegenpropaganda, wie Gyssling sie betrieb, nicht seinem Ansatz. Wiener stand für eine wissenschaftliche Auseinandersetzung mit dem »Irrationalismus«, den er als gefährlichstes und subversivstes Moment des Nationalsozialismus ansah. Dennoch beteiligte auch er sich an der Informationsbeschaffung. Das Büro wiederum stellte eine Materialsammlung für eine seiner Missionen im Auftrag des C. V. zusammen. Im Herbst 1932 suchte er deutsche Industrielle auf, um sie über Taten und Absichten der Nazis eindringlich zu informieren.[24] Als Wiener 1933 emigrierte, baute er in Amsterdam das Jewish Central Information Office auf. Zeitgleich mit der Machtübernahme durch die NSDAP etabliert, gilt die später als »Wiener Library« bekannt gewordene Sammlung als älteste Institution, die es sich gezielt zur Aufgabe gemacht hat, die Verfolgung der Juden durch das nationalsozialistische Deutschland zu dokumentieren (→Kap. 7). In Berlin, so ist bemerkt worden, lag ihr konzeptioneller Ursprung.[25]

5 Bibliophilie als Selbstbehauptung

Die Kulturwissenschaftliche Bibliothek Warburg

Am Anfang der Kulturwissenschaftlichen Bibliothek Warburg steht ein eigenwilliger »Deal« – zumindest einer Anekdote zufolge. Die Anekdote gehört inzwischen zum festen Bestandteil der Mythenbildung um Warburg und sein Kulturwissenschaftliches Institut, und doch ist sie zu schön, um nicht noch einmal zitiert zu werden. Folgt man seinem Bruder Max Warburg, so hat ihm Aby Warburg schon früh einen harmlos erscheinenden, sich aber später als kostspielig erweisenden Handel angeboten:

»Als er [Aby Warburg] dreizehn Jahre alt war, offerierte er mir sein Erstgeborenenrecht. Er als Ältester war bestimmt, in die Firma einzutreten. [...] Er offerierte es mir aber nicht für ein Linsengericht, sondern verlangte von mir die Zusage, daß ich immer alle Bücher kaufen würde, die er brauchte. Hiermit erklärte ich mich nach sehr kurzer Überlegung einverstanden. Ich sagte mir, daß schließlich Schiller, Goethe, Lessing, vielleicht auch noch Klopstock von mir, wenn ich im Geschäft wäre, doch immer bezahlt werden könnten und gab ihm ahnungslos diesen, wie ich heute zugeben muß, sehr großen Blankokredit.«[1]

Aby Warburg (1866–1929) wurde in Hamburg als Spross der in Deutschland und Amerika tätigen Bankiersfamilie Warburg geboren. Bereits als Kind zeigte er wenig Sinn für das Praktische, dafür aber ein Faible für ausgiebige Lektüre. Die Familie gab es bald auf von ihm zu verlangen, Bankier zu werden, wohl auch aus Sorge um seine nach einer Typhuserkrankung angeschlagene

Gesundheit. Verletzt hat es den Vater aber doch, dass sich der Sohn – mehr noch als dessen Brüder – gegen die orthodoxe Religiosität des Elternhauses sperrte. Aby Warburg nahm nach seiner Realschulzeit Privatstunden in Latein und Griechisch, machte das Abitur und studierte in Bonn, München und Straßburg Kunstgeschichte und Kulturwissenschaften. Die Eltern finanzierten das Studium. Vor allem der obsessive Bucherwerb wurde teuer. Warburg begann mit dem Aufbau einer privaten Sammlung.

In Florenz, während einer Studienexkursion 1888/89, begann er sich nachhaltig für Italien und für die Renaissance zu begeistern. Später bezeichnete er sich selbst als »Ebreo de sangue, Amburghese di cuore, d'anima Fiorentino«[2]. Warburg promovierte mit einer »psychohistorisch« und interdisziplinär angelegten Studie über zwei Hauptwerke Sandro Botticellis, »Geburt der Venus« und »Frühling«. Seine Dissertation markiert den Anfang der kulturwissenschaftlichen Methode der Ikonologie, einer neuen Art der Entzifferung von Bildern.[3]

Straßburg war auch der Ort, an dem die Idee der späteren Kulturwissenschaftlichen Bibliothek Warburg (KBW) entstand. Warburg wollte Botticellis mythologische Meisterwerke mit dem Wiederaufleben der antiken Ideenwelt in Beziehung setzen. Für dieses ehrgeizige Projekt musste er nicht nur ein gewaltiges Arbeitspensum absolvieren, musste Spuren von Kunst, Religion, Literatur und Philosophie verfolgen, sondern dazu auch dauernd zwischen einer Reihe von räumlich getrennten Institutsbibliotheken der Universität hin- und herpendeln. »Damals reifte sein Entschluß, dem Studenten eine Bibliothek an die Hand zu geben, die all die verschiedenen Gebiete der menschlichen Kulturgeschichte umfaßte und in der man unbehindert von Regal zu Regal wandern könnte.«[4] In einer Art imaginärem Netz setzte Warburg Bücher zueinander in Beziehung. Ihre räumliche Anordnung in der Bibliothek sollte dem entsprechen. Hierzu gehört auch Warburgs berühmtes »Gesetz der guten Nachbarschaft« – zwar im Regal den gesuchten Titel vorzufinden, aber vom rechts oder links davon aufgestellten, unbekannten Buch weit mehr zu profitieren oder erst zu den spannenderen Ideen inspiriert zu werden.[5] Auf diese Weise hat Warburg seine Sammlung immer wieder neu arrangiert, indem er sie nach Fragestellungen und nicht nach Sach-

Der Lesesaal der
Warburg-Bibliothek in
Hamburg, 1926.

gruppen ordnete. Den Grundstock bildete die entschlossen aus-
gebaute Handbibliothek aus Studienzeiten. Als die Familie sich
einmal kritisch über seinen Bücheretat, der 250 000 Mark erreicht
hatte, äußerte, antwortete er: »Die Bibl[iothek] wird noch bestehen, wenn das Bankhaus nicht mehr bekannt sein wird.«[6]

Nach Promotion und Militärdienst verbrachte Warburg einige
glückliche Jahre als Privatgelehrter vorwiegend in Florenz. Zu-
rückgekehrt nach Hamburg leitete er nach der Jahrhundertwende
gezielt den Aufbau der Warburg-Bibliothek zu einer eigenen Institution ein. Letztlich wurde sie uneingeschränkt von der War-
burg-Bank finanziert.[7] 1905 umfasste sie 6000, 1914 bereits 18000
Bände, bei einem jährlichen Zugang von ca. 1000 Titeln. Ab 1909
war die Bibliothek im Hamburger Wohnhaus in der Heilwigstraße
114 untergebracht. Hier standen 189 Regalmeter zur Verfügung,
doch reichten sie schon bald nicht mehr aus.[8] Mit der Zeit entstand ein halböffentliches Forschungsinstitut, dessen Bibliothek
mit ihrer komplexen, ständig veränderten Systematik den Kreis
der Interessenten unter der Hand auch auf Warburgs Methodik
einschwor. Die »leidenschaftlich besonnene« Sammlung stellte

neben Standardwerken vor allem seltene, abseitig erscheinende Literatur bereit, etwa zu Astrologie und Magie. Besucher sahen all dies als »paradiesisches Labyrinth«. Der Philosoph Ernst Cassirer erklärte, er müsse flüchten, wenn er nicht auf Jahre zum »Gefangenen« werden wolle, was später dann doch geschah.[9]

Warburg intensivierte den Ausbau der Bibliothek zur Forschungseinrichtung auch in Hinblick auf die seit der Jahrhundertwende geplante, aber erst 1920 eröffnete Hamburger Universität. Die KBW sah er als Modell für weitere rein wissenschaftlich arbeitende »Zwischenorgane« an, um die herum die »Zukunftsuniversität« organisiert werden müsse. Auch im Weltkrieg ließ er diese Ideen nicht fallen. Zugleich trat Warburgs politisches Engagement hervor. Über diplomatische Kontakte trat er dafür ein, Italien aus dem Krieg herauszuhalten. In der KBW wertete er mehrere, auch ausländische Tageszeitungen aus, um alle nur erdenklichen Informationen zu den Kriegsereignissen dokumentieren zu lassen. Allein zum Weltkrieg entstand so eine systematisch zusammengestellte Sammlung von Zehntausenden von Zeitungsausschnitten.[10]

Nach Kriegsende erkrankte Warburg schwer, die Jahre von 1920 bis 1924 verbrachte er in mehreren Nervenheilanstalten. Wichtigster Bibliotheksmitarbeiter war Fritz Saxl (1890–1948), der selbst im Bereich der Kunst- und Religionsgeschichte forschte.[11] Er hatte ein Signiersystem mit farbigen Streifen entworfen, das dem Prinzip des beweglichen Buches entsprach und eine stets am aktuellen Forschungsproblem orientierte Aufstellung ermöglichte. Während Warburgs Krankheit war es Saxl, der die Überführung der Bibliothek in ein Forschungsinstitut vorantrieb. Geist und Potenzial der Bibliothek kamen dann vollends im eigenen, 1926 fertig gestellten Neubau in der Heilwigstraße 116 zur Geltung. Zentrum des wohl vierhunderttausend Reichsmark teuren Gebäudes war ein viergeschossiger Bücherturm, an den sich ein ellipsoider, auch als Seminarraum geeigneter Lesesaal mit Zugang zum Garten anschloss. Die Aufstellung der Literatur orientierte sich weiterhin am »nachbarschaftlichen Prinzip«, gegliedert nach den in jeweils einer Etage aufgestellten Kategorien »Bild«, »Orientierung«, »Wort«, »Handeln«.[12] Das Haus stand mit der Universität Hamburg in engem Kontakt. Praktisch war es, wie

Warburg sich das vorgestellt hatte, ein Universitätsinstitut in privater Trägerschaft.

Die Bibliothek war das wichtigste Arbeitsinstrument einer Gruppe von Gelehrten, die als »Hamburger Schule« bekannt werden sollte. Ihre bedeutendsten Exponenten waren Aby Warburg selbst und Ernst Cassirer. Warburg, der seit 1924 zu neuer Schaffenskraft zurückfand, wurde nun auch zum Professor ernannt. Ernst Cassirer arbeitete an seinem dreibändigen kulturphilosophischen Hauptwerk »Philosophie der symbolischen Formen«. 1929 wurde er in Hamburg zu einem der ersten jüdischen Rektoren einer deutschen Universität berufen.

Gershom Scholem hat die Forschungen dieses Kreises mit Interesse verfolgt, wie umgekehrt auch die »Hamburger Schule« sich für Scholems Ansatz, jüdische Mystik als integralen Anteil jüdischer historischer Erfahrung zu betrachten, interessierte. Scholem selbst war zweimal, 1927 und 1932 in Hamburg. Seine Kabbala-Studien wurden dort offenbar unter allgemeinen religionsgeschichtlichen, nicht aber unter spezifisch-jüdischen Gesichtspunkten betrachtet. Scholem jedenfalls schrieb: »Diese Gruppe ausgezeichneter und erstklassiger Gelehrter bestand etwa fünfundzwanzig Jahre lang fast ausschließlich aus Juden, deren jüdische Intensität von moderierter Sympathie bis zum Nullpunkt, ja darunter ging.«[13]

Warburg selbst hat jüdische Themen in der Tat nie in einer seiner Publikationen behandelt. Keinesfalls aber war er unpolitisch oder weltfremd, im Gegenteil. Warburg ist für seine Zettelkästen berühmt. Sie dienten ihm nicht nur zur Organisation der Sammlung, sondern waren stets auch Gedächtnisstützen für der Gegenwart geschuldete Ideen und Impulse. Wie gesehen, dokumentierte Warburg ausgiebig den Weltkrieg. Nimmermüde verzeichnete er auch den Antisemitismus. Unter seinen Zettelkästen befand sich auch einer mit der Nr. 36, »Juden«. Zu Ende des Ersten Weltkrieges nahm »das Unheimliche, Unwandelbare, Barbarische in Warburgs Zettelkästen [...] wiederum die Form von Aberdutzenden von Berichten über exzeßhaftes Morden von Juden an, das sich wie eine Walze, die von Finnland über Rußland und Rumänien bis Tunis reichte, von Osten nach Westen bewegte«[14]. Warburgs Dokumentation des Antisemitismus »von den kleinsten

Alltagskränkungen bis hin zu den Pogromwellen in Osteuropa am Ende des Ersten Weltkrieges« war »nicht säuberlich abgetrennt von jener, die sich auf die Kunstgeschichte, die Geschichte, die Sozialgeschichte, die Anthropologie, die Politik bezieht: Sie findet sich eingeordnet in das weiträumig verzweigte Netzwerk von Schlagworten, mit der Warburg sein kulturwissenschaftliches Konzept und die Systematik seiner Bibliothek zu einer Fangvorrichtung ausgebaut hatte.«[15] Während des Studiums hatte Warburg Vorbehalte und Aversionen gegenüber Juden erfahren. Anfang der zwanziger Jahre wurde sein Bruder Max Warburg, der die Bank leitete, wegen seiner Beteiligung an den Verhandlungen um den Versailler Friedensvertrag als »Novemberverbrecher« verunglimpft und stand seit der Ermordung Walther Rathenaus unter Polizeischutz. Als 1925 das von einem »Kollegen«, dem Hamburger Professor Siegfried Passarge herausgegebene antisemitische »Buch vom Kahal« erschien, wurde es umgehend für die KBW angeschafft.[16] Warburgs seismographische Wahrnehmung alles Antisemitischen erscheint als Teil einer weiter gefassten politischen Sensibilität. Ihr gab die Anlage der KBW selbst Ausdruck. Sie galt der Erforschung der Zivilisationsgeschichte, eines Prozesses, dessen Regression nie auszuschließen war. Warburgs Werk erscheint so als geistespolitischer Reflex auch der religiösen Judenfeindschaft und des modernen Antisemitismus.[17] Auch auf diese Weise und mit einem genaueren »zweiten Blick« auf die Warburg-Bibliothek lässt sich nun das Wort vom »Büchertrutzkasten« verstehen.[18] Es ergänzt die frühere Beobachtung, wonach das von Warburg und Cassirer in den zwanziger Jahren entwickelte kulturwissenschaftliche Konzept in »der geistigen Nachfolge der deutsch-jüdischen Aufklärung« zu verorten ist.[19]

Bibliophilie, das jüdische Buch und die Soncino-Gesellschaft

Bibliophilie ist eine vielerorts anzutreffende Liebhaberschaft. Wenn sich die vorliegende Darstellung auf Aspekte jüdischer Bibliophilie im deutschsprachigen Kontext der Zwischenkriegszeit beschränkt, so lässt diese Beschränkung einen Akzent hervortreten, der über die Pflege der Buchkultur und das passionierte Sammeln rarer oder schöner Bücher hinausgeht. So wie Aby Warburgs Sammlung als geistespolitische Aktivität angesehen wird, so erscheinen die nachfolgend vorgestellten Beispiele der Soncino-Gesellschaft und der Schocken-Bücherei als Ausdruck jüdischen Selbstbewusstseins und der Selbstbehauptung.

Bibliophilie erlangte in Deutschland erst seit dem ausgehenden 19. Jahrhundert breiteren Zuspruch, später also als in England und Frankreich. Hier wie dort war sie ein Akt der kulturellen Selbstvergewisserung des wohlhabenden Bürgertums. An den um die Jahrhundertwende entstehenden deutschen bibliophilen Gesellschaften haben sich jüdische Mitglieder in bedeutendem Umfang beteiligt. Das gilt etwa für die literarhistorisch orientierte Gesellschaft der Bibliophilen, für die 152 jüdische Mitglieder – darunter auch Aby Warburg, der außerdem an der Gründung der Gesellschaft Hamburger Bücherfreunde beteiligt war – gezählt worden sind. Chefredakteur ihrer »Zeitschrift für Bücherfreunde«, der ersten deutschen Zeitschrift dieser Art überhaupt, war von 1909 bis 1933 der Leipziger Literaturhistoriker Professor Georg Witkowski. Mehr als sechzig jüdische Autoren haben in ihr Beiträge, vorwiegend zur deutschen Literaturgeschichte, veröffentlicht. Allein die Maximilian-Gesellschaft, die sich auf eine ästhetisch hervorgehobene Buchgestaltung spezialisiert hatte, zählte über hundert jüdische Mitglieder. Örtliche bibliophile Gesellschaften wie der Leip-

Soncino-Blätter. Die »Beiträge zur Kunde des jüdischen Buches« erschienen von 1925 bis 1930 in drei Bänden in Berlin.

SONCINO-BLÄTTER

BEITRÄGE ZUR KUNDE DES
JÜDISCHEN BUCHES

HERAUSGEGEBEN VON DER
SONCINO-GESELLSCHAFT DER FREUNDE
DES JÜDISCHEN BUCHES E. V.
UNTER REDAKTION VON
HERRMANN MEYER

I. BAND / BERLIN 1925—1926

ziger, der Berliner oder Essener Bibliophilen-Abend wurden von jüdischen Buchfreunden begründet oder mitbegründet.[20]

Für eine große Zahl deutschsprachiger Juden hat bekanntlich die Literatur, insbesondere der Aufklärung und der Klassik, immer wieder einen wichtigen Bezugs- und Identifikationspunkt dargestellt. Gleichwohl gab es nicht nur die schon sprichwörtliche Verehrung deutscher Juden für die Literatur Lessings, Goethes und Schillers. Die 1924 in Berlin von Herrmann Meyer gegründete Soncino-Gesellschaft der Freunde des jüdischen Buches widmete sich allein dem jüdischen Buch und der hebräischen Typographie. Erster Vorstandsvorsitzender war Heinrich Loewe, Mitglieder des

* * *

Leipzig-Loge U. O. B. B. XXXXIII Nr. 496.

Meß - Sondersitzung am 25. August 1929, nachmittags 20 Uhr im Logenheim, Arndtstraße 1 a.

Vortragsabend von **Frau Erna Feld**, Berlin. Von jüdischen Dichtern der Gegenwart:

Berndt Goetz: Und Benjamin sang
Arnold Nadel: Purim in Wilna
Else Lasker - Schüler: Versöhnungstag
Hans Oskar Roth: Die kleinen Straßen, Tausendmal sterben
Nathan Asch: Samuel Jacobs (aus »Als die Firma verkrachte«)
George A. Goldschlag: Eulenspiegel
Alfred Kerr: Der Taucher
Alfred Polgar: Fiesco, neu inszeniert
Kurt Tucholsky: Herr Wendriner diktiert einen Brief
Lion Feuchtwanger: aus »Pep«:
        Der ältere Mann im Fordwagen spricht
        Der junge Mann im Fordwagen antwortet
        Ballade der Louetta Frink
Felix Joachimson: Niggersong.

Wir laden alle zur Messe in Leipzig befindlichen Schwestern und Brüder zu diesem Abend herzlich ein. Die Logenräume sind ab 6 Uhr geöffnet. Für kalten Imbiß wird gesorgt.

Walter Metzner,   Dr. Hans Löwenheim,
Präsident   prot. Sekretär

* * *

7 —

Auch der in vielen Städten vertretene Unabhängige Orden Bne Briss (B'nai B'rith) hat das jüdische Buch- und Bibliothekswesen gefördert. Hier die Ankündigung eines Vortragsabends anlässlich der Leipziger Messe in den Räumen des örtlichen Logenheims, Leipzig 1929.

Ehrenausschusses waren Leo Baeck, Max Brod, Gotthold Weil, Chaim Weizmann und Arnold Zweig.[21] Der Name war Verpflichtung:

»Zum Symbol ihres Strebens wählte sich die Gesellschaft den Namen der klassischen jüdischen Druckerfamilie des 15. und 16. Jahrhunderts, die in Soncino und später auch in anderen Städten Italiens ihre Offizinen errichtete. Mitglieder der Familie Soncino waren es, die 1484 den ersten Druck des Talmud begannen und 1488 die erste vollständige hebräische Bibel druckten.«[22]

Sondernummer der Mitteilungen des Ordens Bne Briss zum jüdischen Buch. Ephraim Moses Lilien war für seine Illustrationen berühmt, die Jugendstil und jüdische Themen verknüpften.

Die von den Soncinaten vorgelegte Qualität des hebräischen Buchsatzes galt über Jahrhunderte hinweg als vorbildlich. Die Soncino-Gesellschaft nun verstand gerade das hebräische Buch als Ausweis jüdischen Geisteslebens. Die von Herrmann Meyer herausgegebenen, zwischen 1925 und 1930 erschienenen drei Bände der *Soncino-Blätter* widmeten sich in hervorragenden Beiträgen und in schönem Satz der »Kunde des jüdischen Buches«.[23] Hinzu kamen die in kleinerem Rahmen erstellten Drucke für die 800 Mitglieder, zu denen neben jüdischen auch nicht-jüdische Bibliotheken gerechnet wurden. Diese Publikationen, zahlreiche Neuausgaben alter Drucke sowie Editionen zeitgenössischer wissenschaftlicher Werke, sollten in ihrer Ästhetik auch als Modell für kommerzielle Gebrauchsbücher dienen. So gab die Gesellschaft auch die Entwicklung einer neuen, jedoch aus der Tradition hergeleiteten hebräischen Type in Auftrag. Das ehrgeizigste, aber nicht mehr vollständig realisierte Projekt war ein Neudruck der Hebräischen Bibel. Bis 1933 konnte jedoch, nach dreijähriger Vorbereitung, der *Humasch* (Thora, Pentateuch) mit der neu entwickelten Type gedruckt werden. Nur wenige Bibliotheken verfügen heute über eines der raren Exemplare. Die amerikanische Library of Congress sieht in diesem Druck einen »Schatz« und das »möglicherweise schönste je gedruckte hebräische Buch«. Die Fertigstellung durch den Handdrucker Tieffenbach in Berlin erfolgte in der Zeit der nationalsozialistischen »Machtergreifung«: Wahrscheinlich hebt der Druck deshalb die ermutigenden und kämpferischen ersten und letzten Verse des Segens Mose (Deut. 33,1 und Deut. 33,29) in roter Schrift hervor.[24]

Salman Schocken und die »Bücherei des Schocken Verlags«

Dem jüdischen Buch in ganz besonderer Weise verbunden war der Kaufhausbesitzer, Kulturzionist und Verleger Salman Schocken (1877–1959),[25] und dies noch in den ersten Jahren nationalsozialistischer Herrschaft. Ein Buchliebhaber ist Schocken in jeglicher Hinsicht gewesen: ästhetisch, geistesgeschichtlich und dezidiert identitätspolitisch. Ergebnis seines außergewöhnlichen bibliophilen Engagements war seine über sechs Jahrzehnte hinweg aufgebaute, bereits 1933 über 20000 Bände umfassende Bibliothek – darunter eine der bedeutendsten je von privater Hand zusammengetragenen Sammlungen von Hebraika und Judaika.[26] Darüber hinaus steht der Name Schocken vor allem für den im Jahre 1931 in Berlin gegründeten Verlag.

Schocken wuchs im Dorf Margonin in der preußischen Provinz Posen auf, wo der Vater ein einfaches Einzelhandelsgeschäft unterhielt. Er war das jüngste von sechs Kindern, die Familie orientierte sich kulturell an Berlin, ohne dabei ihre traditionell-religiöse Lebensweise aufzugeben. Das Lesebedürfnis des Sohnes konnte kaum befriedigt werden, da dies die finanziellen Möglichkeiten der Eltern überstieg. Nach einer kaufmännischen Lehre, unter anderem in Berlin und Leipzig, war Salman Schocken ab 1901 seinem Bruder Simon bei der Leitung eines Warenhauses in Zwickau behilflich. Schocken erkannte früh das Potenzial moderner Warenhäuser, eröffnete 1904 das erste eigene Kaufhaus im Erzgebirge und bis 1929 eine Reihe weiterer Bauten, darunter die

Bibliothekszimmer Salman Schockens in Berlin, ca. 1931.

großen Häuser in Nürnberg, Stuttgart und Chemnitz. 1931 zählte der Konzern 6000 Angestellte. Dabei ließ Schocken seinen ausgeprägten ästhetischen Anspruch nie außer Acht. Für den Bau seiner herausragenden Warenhäuser, die »Modernität« in geradezu programmatischer Weise repräsentierten, verpflichtete er Erich Mendelsohn, einen der bedeutendsten Architekten des 20. Jahrhunderts.[27] Der äußeren sollte eine innere Warenhausästhetik entsprechen. Das ging bis hin zur Weigerung, bestimmte Artikel zu führen – einer Anekdote zufolge hat Schocken den Verkauf langer Unterhosen abgelehnt, weil sie ihm ein optischer Graus waren.[28]

Ästhetik war für Schocken auch ein wichtiges Kriterium beim Aufbau der eigenen Bibliothek: »Die Art des Druckes, des Papiers, Einband und Format waren ihm Chiffren, die dem, der sie zu entziffern verstand, den Blick in vergangene Zeiten öffneten.«[29] Bereits Ende der zwanziger Jahre nahm die private Sammlung einen derartigen Umfang an, dass er sie in Berlin in einem eigenen Gebäude unterbringen ließ. Thematisch war der Aufbau der Sammlung von einer eigenen Vorstellung vom Judentum geleitet, die gewöhnlich als »kulturzionistisch« beschrieben wird. Privat sammelte Schocken hervorragende Ausgaben deutscher Autoren und deutschsprachiger Judaica, hinzu kam der Aufbau einer judaistisch-hebräischen Bibliothek, in der er den jüdischen Volksgeist besonders gut verkörpert sah, und die zu gegebener Zeit der jüdischen Forschung dienen sollte.[30]

Bereits vor dem Ersten Weltkrieg hatte Schocken die zionistische Bewegung für sich entdeckt. Als Delegierter vertrat er drei Jahre lang die sächsischen Zionisten in der Zionistischen Vereinigung für Deutschland, 1913 reiste er zum Zionistischen Kongress in Wien. Nach dem Krieg verdichtete sich seine Grundhaltung. Das bedeutete vor allem die Ablehnung der »Assimilation«, die er mit Selbstverleugnung gleichsetzte. Jüdische Selbstbehauptung, wie sie Schocken verstand, basierte gerade auf dem Wissen um jüdische Kultur und Geschichte. Zionismus bedeutete folglich ein neues und gestärktes jüdisches Selbstverständnis. Diese kulturbezogene Variante des Zionismus war keineswegs notwendig mit der Forderung nach einer Emigration nach Palästina verknüpft.

So hat sich Schocken wohl nicht aufgrund praktischer Aus-
wanderungspläne, sondern aus kulturellem Interesse die hebräische Sprache angeeignet – vor Beginn der Geschäfte lernte er täglich bei seinem Bibliothekar eine Stunde Hebräisch.[31] So sehr
Schocken jüdische Bildung liebte, so sehr bewunderte er Goethe.
Angesichts der beinahe stereotypen Assoziation jüdischer Goethe-Verehrung in Deutschland[32] mag es banal klingen, wenn auch
für Schocken konstatiert wird: Goethe »war für ihn der Führer in
den großen Weltfragen ebenso wie in denen des täglichen Lebens«. Schocken huldigte dem Verehrten auf seine Weise: In seinen Warenhäusern ließ er im Goethe-Jubiläumsjahr 1932 Bücher-
tische mit Goethe-Ausgaben einrichten.[33]

Die Entscheidung, einen eigenen Verlag zu gründen, war nach
einer Reihe von Aktivitäten für das jüdische Buch nur folgerichtig.
Schocken unterstützte seit dem Weltkrieg mäzenatisch eine Reihe
von Autoren und Publikationsprojekten. Die bedeutendste Entdeckung Schockens war der später mit dem Nobelpreis für Literatur
ausgezeichnete Autor Samuel Josef Agnon (eigentlich S. J. Czacz-
kes), der aus dem galizischen Shtetl Buczacz stammte, 1907 nach
Palästina auswanderte und von 1913 bis 1924 in Deutschland
lebte. Agnon verarbeitete in seinen zum Teil ironischen Werken
vorwiegend das Leben der Juden in seiner ostgalizischen Heimat.
Schocken finanzierte nun nicht nur Agnons Lebensunterhalt in
Deutschland, sondern beauftragte ihn auch gezielt mit der Abfassung bestimmter Schriften.[34] Er unterstützte zudem die frühen
Arbeiten von Martin Buber (1878–1965). Die Lektüre von Bubers
erstem Buch, der 1906 erschienenen »Geschichten des Rabbi
Nachman«, war für Schocken ein Schlüsselerlebnis gewesen, das
ihn nach eigener Aussage »wieder zum lebenden Juden« gemacht
habe.[35] Seit 1929 förderte er auch die Bibelübersetzung Martin
Bubers und Franz Rosenzweigs, an der er die Rechte erwarb. Das
Besondere dieser Übersetzung war ihr Ansatz, den originalen
Gestus des gesprochenen biblischen Hebräisch möglichst authen-
tisch in einer archaisierenden, deutschen Übersetzung wieder-
zugeben. Im gleichen Jahr gründete Schocken in Berlin das Forschungsinstitut für Hebräische Dichtung. Mitarbeiter dieses
Instituts reisten auch nach Cambridge, um in der dortigen Universitätsbibliothek Beispiele mittelalterlicher Poesie zu studieren,

11 Martin Buber: Erzählungen von Engeln Geistern und Dämonen. / Die sechs Geschichten stammen mit einer Ausnahme aus der gleichen Zeit, in der Buber an seinen ersten chassidischen Büchern arbeitete. »Ein seltsamer Zauber schwebt über diesen Erzählungen, aber er geht – und das ist das Schöne – nicht von den Engeln, Geistern und Dämonen aus, sondern von den Menschen, die ihnen begegnen. Und darum haben uns Juden die Geschichten von Engeln, Geistern und Dämonen etwas zu sagen.«

12 Von der Franckfurter Juden Vergangenheit (Sitten und Bräuche). Aus Johann Jacob Schudts »Jüdische Merckwürdigkeiten« (Frankfurt und Leipzig anno 1714) ausgewählt und mit einem Nachwort versehen von Efraim Frisch. / Wir verdanken Schudt ein kräftig anschauliches Bild des jüdischen Wesens im Frankfurter Getto nach den Stürmen des 30jährigen Krieges und damit eine einzigartige Darstellung von jüdischem Leben in Deutschland im Jahrhundert vor der Emanzipation.

13 Von den Juden Jemens. Eine Anthologie. Gesammelt, übersetzt und herausgegeben von S. D. F. Goitein. / Aus Büchern, Handschriften und mündlichen Mitteilungen hat der Verfasser diese Anthologie zusammengestellt, die dem deutschen Leser zum erstenmal einen Einblick in die Welt der Jemeniten gewährt. Auf knappem Raum führt sie in den Geist und das reale Leben einer Volksgruppe ein und bringt diesen weit versprengten Stamm des jüdischen Volkes dem Leser nahe.

14 S. J. Agnon: Und das Krumme wird gerade. Eine Erzählung. / Beim ersten Erscheinen dieses Buches schrieb Martin Buber: »Agnon ist berufen, ein Dichter und Chronist des jüdischen Lebens zu werden; des einen, das heute stirbt und sich verwandelt, aber auch des anderen, werdenden, unbekannten. Galizier und Palästinenser, Chassid und Pionier, trägt er in seinem treuen Herzen die Essenz beider Welten im Gleichgewicht der Weihe. Soll ich sagen, wie wir ihn schätzen? Wir lieben ihn.«

15 Ludwig Strauß: Botschaft. Zwölf Geschichten. / »Wenn Strauß aus seiner Verborgenheit heute stärker profiliert in unser Blickfeld tritt, so liegt das weniger an ihm als an dem Wendepunkt, den die Geistesgeschichte des Judentums in Deutschland genommen hat. Überschaut man sein Lebenswerk, so erkennt man, daß er immer nur auf dem Wege zu sich selber war und das uns neu gestellte Problem des jüdischen Dichtertums deutscher Zunge für sich undogmatisch, vielleicht sogar unbewußt, vorbildlich gelöst hat.« (L. Weltmann)

16 Martin Buber: Zwiesprache. Ein Traktat vom dialogischen Leben. / Buber zeigt in dieser Schrift, daß es zwei Grundarten menschlichen Lebens gibt, das Dialogische und das Monologische. »Kenner des Schrifttums Martin Bubers werden sich hier, in diesen knappen klaren Kapiteln, eindringlicher und entschiedener als je angesprochen und gestellt fühlen, vielleicht als Gegner, aber dann zur Zwiesprache mit dem Gegner, wenn anders sie wirkliche Leser des Büchleins sind.« (Ernst Michel)

In Pappe gebunden M 1.25 / Doppelnummern M 2.50

17 Karl Wolfskehl: Die Stimme spricht. Gedichte / »Wenn aus der Seele dieses Dichters schlichte, psalmengleich strömende Worte radikaler Umkehr und Einkehr hervorbrechen, Gebet, Bekenntnis und Verheißung, Aufruf und Weisung Gottes an sein Volk, Worte der Stimme, die aus der Ewigkeit in die Zeit gesprochen sind – wie sollten wir nicht mit letzter Ergriffenheit, mit einem Erschauern aus der Tiefe der Seele unseres Volkes selbst dieser Dichtung lauschen.« (Marg. Susman)

18 Geschichtenbuch aus dem jüdisch-deutschen Maasebuch ausgewählt und übertragen von Ludwig Strauß. / Das Büchlein stellt sich nach Strauß' eigenem Worten die Aufgabe, den heutigen Leser zu innigerer Beschäftigung mit dem Erzählungsgut jüdisch-deutscher Überlieferung anzuregen. Seine Übertragungen gehören der deutsche Volkserzählung, etwa aus der Zeit des Johann Peter Hebel, an den der Übersetzer vielleicht dachte, und wahren doch glücklich den ursprünglichen Reiz des Originals.

19 Franz Kafka: Vor dem Gesetz. Ausgewählte Erzählungen und Aphorismen. / »Unter den Zeugen unserer zerrissenen und leidenden Zeit, unter den jüngeren Brüdern der Kierkegaard und Nietzsche wird das erstaunliche Werk des Prager Dichters weiterleben. Er war zum Grübeln, zum Leiden begabt und zugleich besaß er in seiner Kunst einen Zauberschlüssel, der uns nicht bloß Verwirrung und tragische Visionen erschlossen hat, sondern auch Schönheit und Trost.« (H. Hesse)

20 Hermann Cohen: Der Nächste. Vier Abhandlungen über das Verhalten von Mensch zu Mensch nach der Lehre des Judentums. Mit einer Vorbemerkung von Martin Buber. / Die zu einem Ganzen gefügten meisterlichen Abhandlungen des Philosophen unterrichten den Leser über einen öfter und auch heute wieder in Frage gestellten Zentralpunkt der jüdischen Lehre. Das mitenthaltene »Gerichtsgutachten über die Nächstenliebe im Talmud« dürfte heute im besonderen willkommen sein.

21 Martin Buber: Des Baal-Schem-Tow Unterweisung im Umgang mit Gott. / In diesem Buch sind die Zitate in Schriften von Schülern und Schülersschülern erhaltenen Worte des Stifters der chassidischen Bewegung gesammelt. Es sind Bruchstücke aus den Reden eines Menschen, der selber kein Buch geschrieben hat, das konzentrierteste literarische Dokument seines religiösen Denkens. Diese zuweilen unerhört kühnen Worte und Gleichnisse sind von Buber meisterhaft treu übertragen.

22 Die Josefslegende in aquarellierten Zeichnungen eines unbekannten Juden der Biedermeierzeit. Mit den zugehörigen Schriftstellen in der Verdeutschung von Martin Buber und Franz Rosenzweig und mit einer Einleitung von Erna Stein. / Die auf sechs losen Tafeln mehrfarbig abgebildeten Zeichnungen gehören einer bisher unbekannten Gattung jüdischer Volkskunst an. Sie vereinen ursprüngliche Naivität mit einem überraschenden Sinn für Farbe und Form und einer ausdrucksstarken Originalität.

In Pappe gebunden M 1.25 / Doppelnummern M 2.50

Die »Bücherei des Schocken Verlags«. Die Buchtitel der Reihe wurden durchgängig in Siebenzeilern vorgestellt.

die in den Fragmenten aus der Kairoer Genisa erhalten geblieben waren (→Kap. 2).[36]

Am 1. Juli 1931 erfolgte die Gründung des Schocken Verlags als Teil der Schocken KG auf Aktien. So wie der jüdische Verleger Samuel Fischer (1859–1934) seit Ende der 1880er Jahre bewusst Autoren literarisch innovativer Strömungen verlegte, so leistete Schocken nun in den ersten Jahren des nationalsozialistischen Deutschlands Bedeutendes für das jüdische Buch und für jüdische Leser. Das gilt vor allem für die Ende 1933 aufgelegte »Bücherei des Schocken Verlags«. Man darf diese Buchreihe, die mehr war als bloß ein verkaufsträchtiger Markenname, tatsächlich als eine Bibliothek verstehen. »Die Bücherei will«, so hieß es im Programm der Buchreihe, »in allmählichem Aufbau aus dem fast unübersehbaren und häufig unzugänglichen jüdischen Schrifttum aller Länder und Zeiten in sorgfältiger Auswahl dasjenige darbieten, was den suchenden Leser unserer Tage unmittelbar anzusprechen vermag.« 1935 hieß es in einer Anzeige in der *Jüdischen Rundschau*: Die »Bücherei« beabsichtige, »ein Gebäude jüdischer Bildung« zu errichten.[37] Die Facetten von Schockens bibliophilem Anspruch flossen in dieser Reihe zusammen. Bis zum Ende des Jahres 1938, als der Verlag in Deutschland schließen musste, erschienen in der »Bücherei« 92 Bände. Äußerlich waren sie schlicht und an das Format der beliebten Taschenbücher des Insel-Verlags angelehnt. Der Druck überzeugte durch die Klarheit des Satzes und der Typographie. Das Angebot der Schocken-»Bücherei« fiel in eine Situation, in der die seit Beginn der NS-Machtübernahme in Deutschland erlassenen Gesetze und die gegen Juden verübten Übergriffe ein abgeschiedenes kulturelles Eigenleben der jüdischen Gemeinden bedingten. Dass ein jüdischer Verlag Bücher vorwiegend – aber nicht allein – für jüdische Leser herausbrachte, rief eine Zeit lang nicht den Widerspruch der auf Ausgrenzung von Juden bedachten NS-Politik hervor. Dieser zeitweilige »Freiraum« schmälert nicht die Leistung des Schocken Verlags. Dafür spricht die im Verlagsprogramm zum Ausdruck kommende demonstrativ formulierte jüdische Selbstbehauptung. In der Schocken-Bücherei erschienen Werke deutschsprachiger Belletristik von Autoren wie Heinrich Heine und Franz Kafka – 1934 konnte der Schocken Verlag die Weltrechte für Kafkas Werk erwerben und edierte 1935 vier Bände der Gesammelten Schriften, bis noch im gleichen Jahr Kafkas Schriften in Deutschland verboten wurden. Die Schocken-Bücherei bot des Weiteren übersetzte jiddische Literatur von Autoren wie Mendele Mojcher Sforim (→Kap. 1) oder Scholem Aleichem, traditionelle Volksliteratur und Übersetzungen moderner hebräischer Autoren, vor allem Agnons. Hinzu kamen zionistische Schriften unterschiedlicher Ausrichtung, z. B. Martin Bubers oder Arthur Ruppins, sowie Palästina-Literatur.

Salman Schocken selbst emigrierte bereits 1934 nach Palästina. Die Hauptverantwortung der Produktion lag nun beim Verlagsleiter Lambert Schneider, vor allem aber beim Lektor Moritz Spitzer, dessen Arbeit durch Schockens Interesse an allen Details

Das vom Architekten Erich Mendelsohn entworfene Haus der Schocken-Bibliothek in Jerusalem, ca. 1936.

des Verlagsprogramms und der Buchgestaltung nicht einfacher wurde. Schocken verlagerte zwar einen Teil seiner bibliophilen Aktivitäten nach Palästina, blieb aber, solange dies möglich war, auch in Deutschland präsent. So unterstützte er die zionistische Buchsammelstelle in Berlin (→Kap. 4) bei der Fortführung ihrer Arbeit auch im nationalsozialistischen Deutschland. Aufgrund einer Lücke in den rigiden deutschen Devisenbestimmungen blieb der Versand von Buchgeschenken ins Ausland nach 1933 zunächst weiterhin möglich. Schocken übernahm die Kosten für den Versand von hunderten von Bücherkisten, die von Berlin nach Jerusalem geschickt wurden.[38] 1936 intervenierte Schocken einmal mehr in die Verlagsarbeit, in dem er das Projekt einer Reihe namens »Gastgeschenk« lancierte. Offenbar beabsichtigte er, ausgewählte jüdische Autoren der deutschsprachigen Literatur und Geisteswelt nochmals eigens zu würdigen. Der Plan wurde nicht mehr realisiert. Verlagsleiter Schneider schrieb treffend an Schocken: »Die Serie ›Gastgeschenk‹ wäre wirklich eine große, fast dokumentarische, noble Leistung. Der Titel ›Gastgeschenk‹ ist leider untragbar. Er kann diesen Publikationen sozusagen nur geheim innewohnen.«[39] So eigentümlich die Idee angesichts der Situation in Deutschland anmutet, so scheint sie doch noch einmal Schockens Ideal durchscheinen zu lassen. Schocken förderte jüdische Literatur stets als einen Selbstwert. Doch dieser scheint für ihn zugleich ein hohes Maß der Verbundenheit zur nicht-jüdischen Umwelt repräsentiert zu haben. Ein literarisches »Gastgeschenk«, das vor 1933 noch als Form des Dialoges zu verstehen gewesen wäre, konnte jetzt nur noch Protest sein. Vor allem aber hätte es den Nazis in die Hände gespielt, die solche Formen der Selbstbehauptung in ihre Ideologie umzumünzen verstanden.

Neben einer Reihe von ehrenamtlichen und mäzenatischen Tätigkeiten in Palästina, insbesondere für die Hebräische Universität, setzte Schocken auch den in Deutschland begonnenen Aufbau seiner Bibliothek fort. Wie zuvor einige seiner Kaufhäuser in Deutschland, ließ er auch das Privathaus und ein eigenes Gebäude für seine Bibliothek in Jerusalem von Erich Mendelsohn erbauen. Nach der »Reichskristallnacht« wurde der jüdische Buchhandel in Deutschland verboten. Schocken vermochte den Großteil der noch im Buchlager seines Verlags verbliebenen Bestände nach Palästina zu überführen. Bereits 1937 hatte er in Tel Aviv ein neues Verlagshaus begründet. Er selbst übersiedelte 1940 in die Vereinigten Staaten. In New York gründete er 1945 den Verlag »Schocken Books Inc.«.

6 Vor und während der Katastrophe

Bücherverbrennung, Ausschluss und Konfiszierung in Deutschland

Bilder von brennenden Büchern und Bibliotheken haben eine tiefe psychologische Dimension. Die Vorstellung vernichteter Bibliotheken bedeutet mehr als die Verstörung über ihren materiellen Verlust. Zu den historisch realen Zerstörungen, zu Beispielen, die von der mehrfach zerstörten alexandrinischen Bibliothek bis zur ausgebrannten Nationalbibliothek in Sarajevo reichen, treten literarische Verarbeitungen, Fiktionen und Reflexionen hinzu, die dunkel beschreiben oder erahnen, dass Zerstörungen von Buchsammlungen mit einer weiter reichenden Bedrohung des Einzelnen, eines Kollektivs, einer Kultur einhergehen. In der oft zitierten Sentenz aus einem Drama Heinrich Heines heißt es bekanntlich: »dort wo man Bücher verbrennt, verbrennt man auch am Ende Menschen«.[1]

Am 10. Mai 1933 warfen fanatisierte Studenten in deutschen Universitätsstädten unter markigen »Feuersprüchen« Bücher in die Flammen von Scheiterhaufen. Joseph Goebbels, kurz zuvor zum »Reichsminister für Volksaufklärung und Propaganda« ernannt, hielt bei der öffentlichen Bücherverbrennung auf dem Berliner Opernplatz eine »Festrede«. Die Kampagne richtete sich »wider den undeutschen Geist«, Bücher jüdischer, sozialistischer und demokratischer Autoren wurden »dem Feuer übergeben«.

Die Nazis erklärten 1933 das »jüdische Buch« zum »Volksfeind«, »verbotene« jüdische Literatur hatte aus allen öffentlichen Bibliotheken, Buchhandlungen, Verlagsprogrammen entfernt zu werden.[2] Auf der Grundlage des »Gesetzes zur Wiederherstellung des Berufsbeamtentums« vom 7. April 1933 und den »Nürnberger

Schaufenster einer
jüdischen Buchhand-
lung, 1937.
Foto: Herbert Sonnen-
fels.

Gesetzen« von 1935 wurden jüdische Bibliothekare an staatlichen
Bibliotheken mit Berufsverbot belegt.[3]

Wie das Beispiel des Schocken Verlags zeigt (→Kap. 5),
konnte genehmigte jüdische Literatur zunächst weiter verlegt
werden. An öffentlichen und wissenschaftlichen Bibliotheken
waren jüdische Benutzer nicht erwünscht, aber ein einheitliches
Verbot gab es bis 1938 nicht. Jüdische Leser sollten auf jüdische
Bibliotheken beschränkt, jüdische Literatur vom Buchmarkt insgesamt separiert werden.[4] Öffentliche jüdische Bibliotheken litten
nun unter der sich verschlechternden Finanzsituation der Gemeinden und waren zunehmend auf Schenkungen und Spenden
angewiesen.[5] Zugleich erfuhren sie aber auch einen gesteigerten
Zulauf, wobei sich die Benutzercharakteristik verschob. Für die
Berliner Gemeindebibliothek etwa wurde 1934 konstatiert, dass
zuvor ostjüdische Leser die größte Gruppe der Benutzer ausgemacht hatten, nun aber »Ärzte, Rechtsanwälte, abgebaute Staats-
anwälte ein wesentliches Kontingent« stellten.

»Assimilanten, die sich mit dem Zionismus [...] bekannt machen
wollen, stellen zahlreiche Leser; eine gewaltige Zahl aber stellt die
Jugend, die sich auf Palästina vorbereitet. [...] Während früher

nur die Rabbiner oder talmudisch geschulte Juden sie benutzten, strömen nun alle hin.«[6]

Galten für das jüdische Bibliotheks- und Verlagswesen in den ersten Jahren der nationalsozialistischen Herrschaft eine Reihe von Verordnungen und konnte so auf diesem Gebiet zunächst der Eindruck einer eigentümlichen »Sicherheit« entstehen, so konnte es diese zu Ende des Jahres 1938 nicht mehr geben.

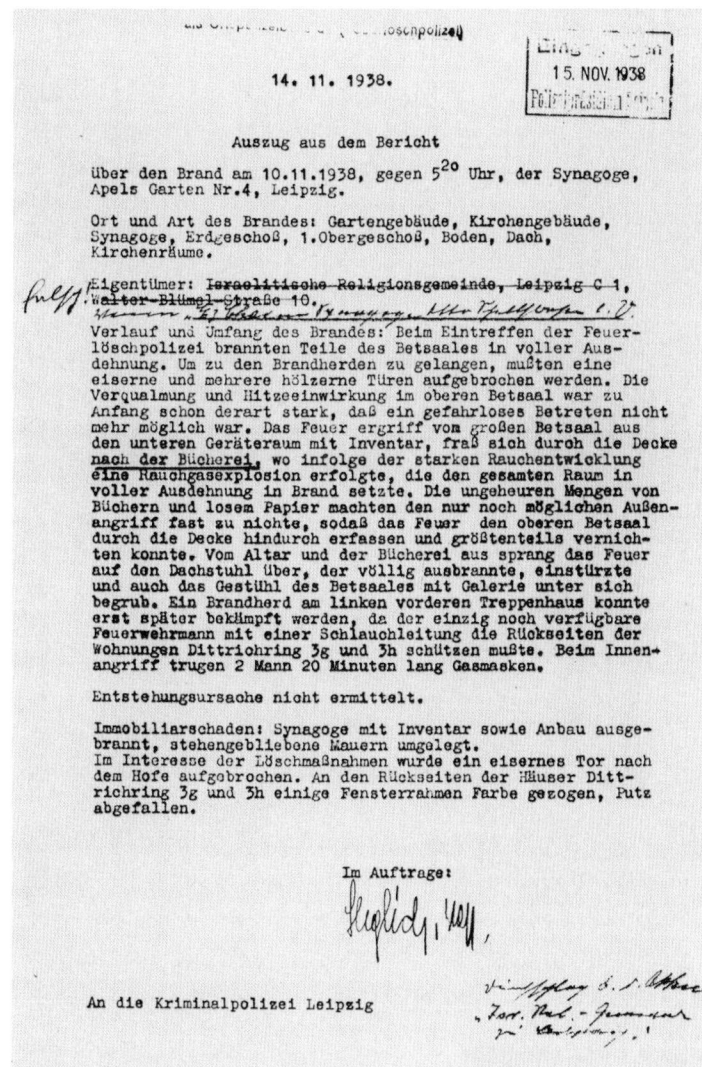

Bericht der Feuerlöschpolizei Leipzig über den Brand einer Synagoge und der Synagogen-Bücherei am 10. November 1938.

Mit der »Reichskristallnacht« gingen mit den angezündeten Synagogen Tausende von Büchern, oft auch ganze, den Synagogen angeschlossene Bibliotheken in Flammen auf. Allerdings wurde von Reinhard Heydrich als Chef der Sicherheitspolizei auch der Befehl erlassen, die Archive der jüdischen Gemeinden von der Zerstörung auszunehmen. Wichtig war Heydrich der Erhalt des »historisch wertvollen« Materials. In einzelnen Städten wurden, diesem Befehl gemäß, Archive und Bibliotheken vor dem Übergriff der Flammen gesichert und beschlagnahmt.[7] Schon Mitte der dreißiger Jahre hatte die NS-Politik jüdische Bestände in Synagogen und Bibliotheken gezielt sondieren sowie Privatbibliotheken jüdischer Emigranten konfiszieren lassen. Schon seit Ende 1938 und vor allem mit dem Kriegsbeginn griffen deutsche Stellen gezielt auf jüdische Sammlungen zu. In Berlin (→Kap. 4) wurden Ende 1938 die Bibliothek der Jüdischen Gemeinde und ihre Zweigstellen konfisziert, so diese nicht in der »Kristallnacht« zerstört worden waren. Das orthodoxe Rabbiner-Seminar zu Berlin musste seine Arbeit einstellen, nachdem am 10. November nahezu der ganze Gemeindevorstand der Adass Jisroel in das Konzentrationslager Sachsenhausen-Oranienburg verschleppt worden war. Allein die Hochschule (»Lehranstalt«) für die Wissenschaft des Judentums konnte zunächst noch geöffnet bleiben. Die Realisierung des bereits weit gediehenen Plans, die Hochschule nach London zu verlagern und dort neu zu eröffnen, scheiterte mit dem Ausbruch des deutsch-englischen Krieges am 3. September 1939. Während die Bibliothek der Hochschule noch in der Artilleriestraße verblieb, mussten für den Lehrbetrieb verschiedene, von den NS-Behörden zugewiesene Räumlichkeiten akzeptiert werden. Bis zur endgültigen Schließung im Juni 1942 nahm die Hörerzahl ständig ab. Als einziger noch verbliebener Dozent der Hochschule unterrichtete Rabbiner Leo Baeck – zugleich Vorsitzender der vom NS-Regime verordneten und eingesetzten »Reichsvereinigung der Juden in Deutschland« – bis zuletzt vor nur noch drei Schülern.[8] 1943 wurde Baeck in das Ghetto Theresienstadt deportiert.

Gemeindearchive und ihre Geburtsregister wurden für genealogische Erhebungen zur Verfolgung von »Nichtariern« missbraucht. In Berlin war hiervon das Gesamtarchiv der deutschen

Juden betroffen. Das 1905 gegründete Gesamtarchiv sammelte Akten der jüdischen Gemeinden, Organisationen und Verbände Deutschlands. Nach dem Novemberpogrom 1938 wurde es beschlagnahmt. Das Reichssippenamt richtete hier seine Zentralstelle für jüdische Personenstandsregister ein.[9]

Bis 1939 zeichnete sich ein Muster dieser Art von NS-»Kulturpolitik« ab: Sichtung und Erfassung interessanter Kultureinrichtungen und ihrer Bestände, gefolgt von Konfiszierung und Raub von als wertvoll erachteten Gegenständen, Manuskripten und Büchern. Die Nazis haben sich nicht gescheut, Kunst und rare Bücher jüdischer Besitzer über Agenten gegen Devisen ins Ausland zu verkaufen. Bereits vor dem Krieg wurde auf Anweisung des Reichsfinanzministers so mit den Beständen des Jüdischen Museums Berlin verfahren. Kostbare Talmud-Ausgaben wurden von der Vernichtung ausgenommen, um auch durch ihren Verkauf Devisen einzunehmen.[10] Als wertlos erachtetes Material wurde der Zerstörung überlassen. Mit Kriegsbeginn sollte sich dieses Muster in den besetzten Gebieten wiederholen.

Zerstörung und Raub in den besetzten Gebieten

Ende 1939 notierte der Lehrer Chaim A. Kaplan in sein Warschauer Tagebuch: »Im allgemeinen bekundet der Eroberer eine Schwäche für Bibliotheken, die von anderen Händen aufgebaut und erhalten wurden.«[11] Kaplan hatte erlebt, wie die Deutschen nach der Einnahme Warschaus die 40000 Bände aufweisende Bibliothek für jüdische Studien an der Großen Synagoge in der Tłomackiestraße in Warschau plünderten und ihre Bestände an einen unbekannten Ort verbrachten.

»Das ist ein Stich ins Herz des polnischen Judentums, denn diese Bibliothek war unser geistiges Heiligtum, in dem wir in Zeiten der Not unsere Zuflucht fanden. Jetzt ist die Quelle, an der wir unseren Durst nach der Thora und den Wissenschaften stillten, ausgetrocknet.«[12]

Doch, wie Kaplan in Warschau selbst erleben musste, die Plünderung der Tłomackie-Bibliothek war erst der Auftakt zu einem Feldzug des Bibliothekenraubs und der Büchervernichtung, der sich praktisch überall im Gefolge der deutschen Expansion im Zweiten Weltkrieg fortsetzte.

Nahezu überall wurden Synagogen zerstört. In den besetzten Gebieten im östlichen Europa legten »Brenn-Kommandos« Feuer an Thorarollen und religiöse Bücher. Über die Zerstörung der Bibliothek der Lubliner Jeschiwa, der größten talmudischen Akademie Polens, erschien noch Monate später ein hämischer Bericht in der *Frankfurter Zeitung*. Ein beteiligter Deutscher schildert, dass die talmudische Bibliothek zwanzig Stunden gebrannt habe. Das laute Wehklagen der Juden Lublins habe man dann mit der einberufenen Militärkapelle und durch eigene Freudenschreie übertönt.[13] Schätzungen zufolge wurden 70 Prozent der jüdischen Bibliotheken in Polen im Zweiten Weltkrieg zerstört.[14]

Dabei kennzeichnete neben der Zerstörung auch der *Raub* die »Schwäche der Eroberer für Bibliotheken«. Einsatzstäbe sichteten und raubten Kultureinrichtungen der »weltanschaulichen Feinde«, vor allem jüdische, freimaurerische und kommunistische Bestände. Einer nach Kriegsende erstellten Schätzung zufolge waren von den Beutezügen dieser Art allein im östlichen Europa 375 Archive, 957 Bibliotheken, 402 Museen und 531 Forschungs- und Bildungsinstitute betroffen.[15]

»Wissenschaftlicher Antisemitismus«: Der Einsatzstab Reichsleiter Rosenberg und das Institut zur Erforschung der Judenfrage

An der Beschlagnahmung jüdischer Bibliotheken waren eine Reihe von NS-Stellen beteiligt. Ein verwirrendes Netz »wissenschaftlicher« Institute rivalisierte um die geraubten Bestände. Hannah Arendt hat anhand dieser undurchsichtigen Maschinerie eine These ihrer Studie »Elemente und Ursprünge totaler Herrschaft« illustriert. Arendt, der es in diesem Zusammenhang um die »Entmachtung von einer Instanz nach der anderen« und die »geplante ›Strukturlosigkeit‹« unter Hitler geht, führt als Beispiel hierzu die »Organisation des für die Nazis so wichtigen ›wissenschaftlichen‹ Antisemitismus« an.

»Hier begann alles mit der Gründung des Münchener Instituts zur Erforschung der Judenfrage im Jahr 1933, das sich schnell zu dem Reichsinstitut für die Erforschung neuerer deutscher Geschichte überhaupt erweitern ließ, weil ja nachgewiesen werden sollte, daß diese Geschichte überhaupt von der Judenfrage bestimmt worden war. Dadurch wurden die Universitäten und ihre historischen Fakultäten in Fassaden verwandelt, in denen nur scheinbar ›Wissenschaft‹ betrieben wurde. […] Der nächste Schritt erfolgte im Jahre 1940, als plötzlich ein neues Institut zur Erforschung der Judenfrage in Frankfurt gegründet wurde unter der Leitung von Alfred Rosenberg, den man nun wahrlich keiner wissenschaftlichen Neigungen mehr verdächtigen konnte. Das München-Institut verfiel sofort in ein Schattendasein, was sich herausstellte, als die geraubten Judaika- und Hebraika-Sammlungen aus ganz Europa nach Frankfurt und nicht nach München gingen. Wenige Jahre später wiederum stellte sich heraus, daß die eigentlich wertvollen Teile dieser Bibliotheken auch nicht mehr nach Frankfurt kamen, sondern direkt nach Berlin gingen an das dort befindliche Sicherheitshauptamt, das seinerseits eine Spezialabteilung für das Studium der Judenfrage eröffnet hatte unter der Leitung des berüchtigten Eichmann.«[16]

Hannah Arendt spricht in diesem Zusammenhang von drei, durch eine Reihe von Instituten gebildeten »Fassaden«. Hinter diesen Fassaden habe sich, der Öffentlichkeit nahezu unbekannt, »das eigentliche Machtzentrum, an dem sowohl über die historische Rolle der Juden wie über die Lösung der Judenfrage entschieden wurde« verborgen: »es war das Reichssicherheitshauptamt in Berlin.«[17] Dass, wie Arendt bemerkt, unter dem Nationalsozialismus keines dieser Institute je beseitigt wurde, ließe sich dahin ergänzen, dass derart eine systemimmanente Rivalität gefördert wurde, die die Beteiligten das Grundsätzliche ihres Tuns, die sich mit der »Forschung« zeitgleich vollziehende Ausbeutung und Vernichtung jüdischer Menschen und Kultur, bedenkenlos akzeptieren ließ.

Prestigesucht und eine solche systemische Rivalität kennzeichnet die Vorgeschichte des Instituts zur Erforschung der Judenfrage (IEJ).[18] Dass es 1941 in Frankfurt am Main errichtet wurde, lag vor allem an der berühmten Hebraika- und Judaika-Sammlung der Stadtbibliothek, die jüdische Bürger Frankfurts im Laufe von über zweihundert Jahren, vorwiegend zu Ende des 19. Jahrhunderts, zusammengetragen und der Stadt gestiftet hatten. So war in Frankfurt die bedeutendste Spezialsammlung dieser Art auf dem europäischen Kontinent entstanden. Auf rund 400 Regalmetern verfügte sie über 40 000 sehr wertvolle Bücher, Handschriften, Wiegendrucke und etwa 10 000 Genisa-Fragmente.[19] Für den Frankfurter Oberbürgermeister Dr. Friedrich Krebs sollte diese Sammlung bald zum wichtigsten Faustpfand in seinem Bemühen werden, seiner Stadt im »Dritten Reich« mehr Geltung zu verschaffen. 1935 brachte er Frankfurt als Sitz einer Zentralstelle für Geschichte ins Gespräch, ein Jahr später versuchte er, die Forschungsabteilung Judenfrage in München, eine Abteilung des »Reichsinstituts für Geschichte des neuen Deutschlands«, nach Frankfurt abzuwerben. Beides blieb zunächst erfolglos. Vielmehr forderte der Historiker Walter Frank die Überführung der Frankfurter Sammlung an *seine* Forschungsabteilung Judenfrage, also nach München.[20] Es entspann sich ein über Jahre währender Kampf zwischen Frank und Krebs um die Frankfurter Hebraika- und Judaika-Bestände. Die Entscheidung lag bei der Partei, in der sich Alfred Rosenberg durchsetzte. Der »Beauftragte des Führers für die Überwachung der gesamten geistigen und weltanschaulichen Schulung und Erziehung der NSDAP« und »Reichsleiter« Rosenberg hatte sich mit seinem einstigem Zögling Walter Frank überworfen. Umso besser passte Krebs' Vorschlag zu einem Plan Rosenbergs – der Errichtung der Hohen Schule. Die (nie gebaute) Zentrale dieser Partei-Universität sollte am Chiemsee entstehen. Ihre Zentralbibliothek wurde Anfang 1939 in Berlin eingerichtet.

Außenstellen der Hohen Schule sollten einzelne, die Nazi-Ideologie besonders interessierende Bereiche wie »Kommunismus«, »Freimaurertum«, »Rassenbiologie« etc. abdecken. Frankfurt bekam 1939 den Zuschlag für eine dieser Außenstellen, eben das Institut zur Erforschung der Judenfrage. Grundlage war das

auf der Frankfurter Hebraika- und Judaika-Sammlung beruhende, von der Stadt einzurichtende Bibliotheksinstitut. Es sollte, so hatte Oberbürgermeister Krebs bereits geplant, das Gebäude des 1933 geschlossenen Instituts für Sozialforschung, das zuletzt Max Horkheimer geleitet hatte, beziehen. Doch dieser Standort war schon durch den NS-Studentenbund belegt, der sich nicht zum Auszug bewegen ließ. Es fand sich schnell eine Alternative. Zugleich wurde nun auch die antisemitische Informationsagentur »Weltdienst« in Frankfurt angesiedelt.

Dem offiziell im März 1941 eröffneten Institut zur Erforschung der Judenfrage (IEJ) gingen die ersten großen Lieferungen von Raubgut bereits in der Folge des Westfeldzuges zu. Die Besetzung der Niederlande, Belgiens und Frankreichs im Mai und Juni 1940 bot den Anlass, den Diebstahl wertvollen Mobiliars, von Textilien, Geldsachen und Kunst, für den der Einsatzstab Rosenberg ebenfalls berüchtigt ist, auch auf alle Buchbestände, seien sie privater, öffentlicher oder wissenschaftlicher Natur, auszudehnen. Hitler erließ hierzu eine Anordnung, die er nach der Ernennung Rosenbergs zum »Reichsminister für die besetzten Ostgebiete« auch auf diese Gebiete ausdehnte. Jüdische Sammlungen, aber auch die von Freimaurern und anderen unerwünschten Gruppen, waren als Grundlage für den »weltanschaulichen Kampf« und die ideologische Schulung der Partei zu beschlagnahmen.

Bereits vor Kriegsbeginn waren bestimmte jüdische Kultureinrichtungen auch im Ausland gesichtet worden,[21] nun wurden die »weltanschaulich« interessanten Stücke auch hier geraubt. Als wertlos eingestuftes Material wurde Papierfabriken zu Festpreisen überlassen. Rosenbergs Einsatzstäbe stürzten sich bevorzugt auf die namhaftesten Sammlungen. In Amsterdam wurden beispielsweise die auf das 17. Jahrhundert zurückgehende Bibliothek des portugiesisch-israelitschen Seminars *Ets Haim* und zwei theologische Bibliotheken konfisziert, und allein aus der Bibliotheca Rosenthaliana 153 Kisten mit 60 000 Büchern für das IEJ zusammengestellt. In Paris wurde die Bibliothek der 1860 gegründeten jüdischen Hilfsorganisation Alliance Israélite Universelle mit einem Bestand von 40 000 Bänden ebenso geplündert wie die theologische Sammlung der Ecole rabbinique. Die 28 000 Bände umfassende Büchersammlung der Familie Rothschild wurde mitsamt dem Archiv der Familie in 760 Kisten nach Frankfurt transportiert.

Bis 1943 gingen dem Frankfurter Institut bis zu 350 000, bis 1944 wohl über eine halbe Million Bände zu. Auch andere Institute meldeten Bedarf an. So das Institut für Rassenkunde in Innsbruck, oder die 1943 gegründete Hochschule für Rassenschutz in Budapest. 1940 wurde das Institut für deutsche Ostarbeit in Krakau gegründet, 1941 folgte ein Ableger des IEJ in Lodz (»Litzmannstadt«) und im gleichen Jahr wurde an der Reichsuniversität Posen ein Lehrstuhl für jüdische Geschichte und Sprachen eingerichtet, der über eine Spezialsammlung von 400 000 Bänden aus konfiszierten jüdischen Bibliotheken verfügt haben soll.[22]

Die von Rosenbergs Einsatzstäben im Gefolge der Wehrmacht aus allen besetzten Ländern zusammengetragenen Massen an Material konnten kaum aufgearbeitet werden. Im IEJ waren die Angestellten weit mehr mit der Sichtung und Sicherstellung vor Ort beschäftigt, als sich um die Sortierung und Katalogisierung zu kümmern. Dies gilt vor allem für Rosenbergs Bibliothekar Johannes Pohl, dem Leiter der Hebraika-Abteilung des IEJ. Sein Auftreten in dieser Funktion ist schon von jüdischen Zeitzeugen aus Saloniki und Wilna beschrieben worden; seine Biographie ist dank einer jüngeren Dokumentation nun gut erforscht.[23]

Der promovierte katholische Theologe Dr. Johannes Pohl (geboren 1904) war von 1927 bis 1934 für die Erzdiözese Köln tätig. Als Stipendiat der katholischen Görres-Gesellschaft hielt er sich seit 1931 in Jerusalem auf, möglicherweise hat er in Jerusalem auch an der Hebräischen Universität studiert.[24] Pohl gab jedoch sein Priesteramt auf. 1935 übernahm er aufgrund seiner hebräischen und judaistischen Kenntnisse eine Stelle in der Orientalischen Abteilung der Preußischen Staatsbibliothek, nachdem

dort der Arabist Werner Gottschalk und der Hebraist Arthur Spanier[25] wegen ihrer jüdischen Herkunft entlassen worden waren.
Pohl sah sich selbst nun zunehmend im »Kampf gegen das Judentum« und schrieb antisemitische Artikel, unter anderem für den
Stürmer. Allerdings erreichte Pohl weder an der Staatsbibliothek
eine Festanstellung noch glückte ein Habilitationsversuch zum
Thema der Talmudzensur. Die Gutachter ließen sich nicht über
die Mangelhaftigkeit der eingereichten Arbeit hinwegtäuschen.
Seine mediokren Kenntnisse versuchte Pohl dann während des
Krieges mit der Quantität seiner antisemitischen Publikationen zu
überspielen und seine hanebüchenen Ansichten zu »beweisen«.
Seit 1937 stand Pohl mit dem Amt Rosenberg in Verbindung, seit
1940 war er Parteimitglied, ab März 1941 Abteilungsleiter der
Hebraika-Sammlung des IEJ.

Buchraub – die Beispiele Saloniki und Wilna

Eine Karte, die der Einsatzstab Reichsleiter Rosenberg (ERR)
wahrscheinlich für eine Ausstellung in Berlin im Jahre 1943 in
Auftrag gab, verzeichnete die Einsatzorte von Rosenbergs Stäben
in den besetzten Gebieten: Im Süden Europas reichte der Zugriff
bis nach Kreta, im Osten Europas bis nach Rostow am Don. Ope-
rationsschwerpunkte waren unter anderem Belgrad, Kiew, Minsk,
Riga.

Pohl war an vielen dieser Orte tätig. Über sein Auftreten in
Saloniki und Wilna sind Berichte jüdischer Augenzeugen erhalten geblieben. In Griechenland lockte den ERR vor allem die Aus-
sicht auf die Kulturgüter der berühmten sefardischen Gemeinde
von Saloniki. Die sefardische Gemeinde war nach der Vertreibung
der Juden aus Spanien zu Ende des 15. Jahrhunderts entstanden.
Unter osmanischer Herrschaft entwickelte sie sich zu einem der
wichtigsten Zentren jüdischen Lebens im Mittelmeerraum. Bis in
das 20. Jahrhundert hinein hielten hier die Sefarden an der mitgebrachten Kultur und der eigenen Umgangssprache (Ladino)
fest. Schon zu Anfang des 16. Jahrhunderts war, unter anderem
vermittelt über die Druckerfamilie Soncino, das Druckerhand-

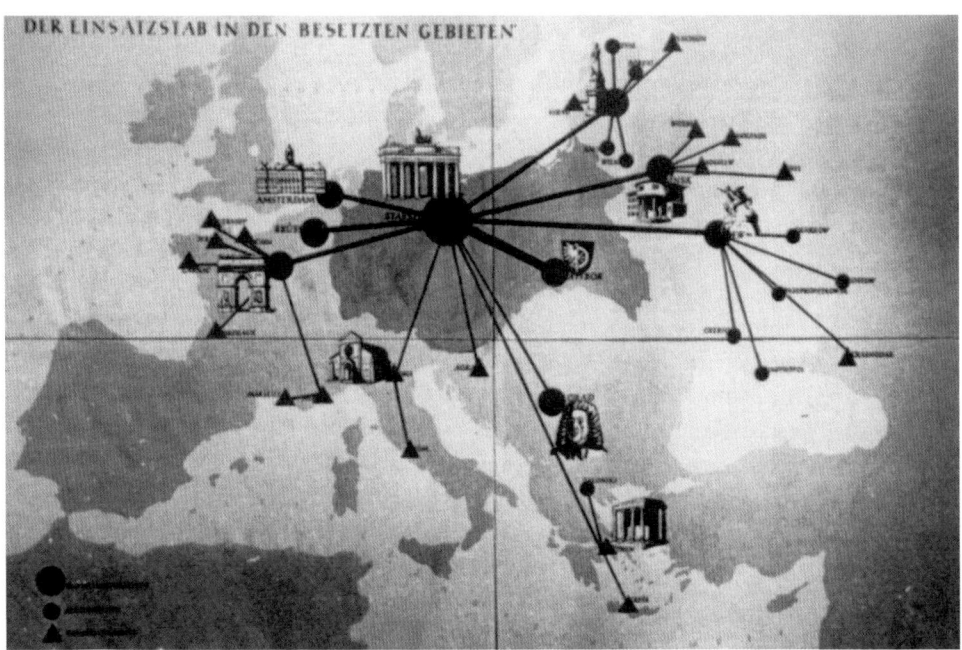

Karte zu den Aktionen des Einsatzstabs Reichsleiter Rosenberg in den besetzten Gebieten, wahrscheinlich anlässlich einer geplanten Ausstellung in Berlin, um 1943.

werk in dieser Gemeinde verbreitet. In den jüdischen Archiven, Bibliotheken und Synagogen der Stadt existierten einzigartige frühe Druckwerke, ja noch Manuskripte aus der spanischen Zeit. 1939 lebten in Saloniki 56000 vor allem im Handel tätige Juden. Ihre Gemeinde und ihre Kultur wurde in den Jahren 1942 und 1943 mit der Deportation von 46000 griechischen Juden in polnische Vernichtungslager zerstört.[26] Doch vor der Vernichtung wurde geplündert: Für den ERR sondierte Pohl die Bestände. Ein jüdischer Zeitzeuge hat über den »schweigsamen Gelehrten« berichtet:

»Seine Mission war, das Kommando auf den Diebstahl von Büchern und Handschriften vorzubereiten, und zwar mit Gewissenhaftigkeit. Denn es stahl eine Menge von seltenen Büchern, Handschriften und Thorarollen, kalligraphierten Megilloth, Pesach-Gebetbüchern, Archiven usw. [...] Die Bibliotheken wurden mit viel Sinn für Methode geplündert, und Zehntausende von Büchern, von denen viele in Saloniki gedruckt worden waren, nahmen den Weg nach Deutschland.«[27]

Ähnlich verhielt es sich in Wilna. Auch hier lockte den ERR eine einzigartige Bibliothekskultur. Im »Jerusalem Litauens« hatten in der Zwischenkriegszeit allein vier große Bibliotheken existiert: Die Sammlungen der Aufklärungsgesellschaft *(Mefitse Haskole)* und des YIVO *(Yidisher Visnshaftlekher Institut)*, die Straschun-Bibliothek und die große Kinderbibliothek (→ausführlich: Kap. 1). Im September 1939 besetzte die Rote Armee Wilna, im August 1940 wurde Litauen als vierzehnte Sowjetrepublik der UdSSR eingegliedert. Einen Monat später mussten gemäß der sowjetischen Kulturpolitik die jüdischen Bibliotheken in Wilna schließen, um in allgemeine öffentliche Einrichtungen umge-formt zu werden. So wurde die Bibliothek der Aufklärungsge-sellschaft dem städtischen Kulturamt unterstellt und schlicht »öffentliche Bibliothek Nr. 5« benannt, die ehemals jüdische Kin-derbibliothek fungierte nun als »staatliche Kinderbibliothek«.

Zwei Tage nach dem deutschen Überfall auf die Sowjetunion wurde Wilna am 24. Juni 1941 von deutschen Truppen besetzt. Einen Monat später begannen die »Aktionen«, Verschleppungen von jeweils mehreren tausend Juden, die im Wald von Ponary ermordet wurden. Im September wurden zwei Ghettos errichtet, wobei Ghetto II bereits sechs Wochen später liquidiert wurde. Bis Ende 1941 wurden 33 500 der 75 000 Juden, die vor der deutschen Besetzung in Wilna lebten, von der SS ermordet.[28]

Im Ghetto selbst ließen die Deutschen merkwürdigerweise den Betrieb einer Ghetto-Bibliothek zu (siehe unten). Zugleich mussten 21 jüdische Gelehrte und Bibliothekare aus Wilna bei der Plünderung der Bibliotheksbestände Zwangsarbeit leisten. Zunächst bestimmte der ERR die Wilnaer Universitätsbibliothek, dann das im Februar 1942 beschlagnahmte Haus des YIVO zur zentralen Sammelstelle, in der die Bibliotheksbestände der Stadt zu sichten und zu selektieren waren. Auch die legendären Be-stände der Straschun-Bibliothek waren betroffen. Der Enkel des Bibliotheksgründers Mathias Straschun beging Selbstmord, als er zu Vorarbeiten für die Plünderung der Bibliothek zwangsver-pflichtet wurde.[29] Verantwortlich für die Buchauswahl war auch hier Johannes Pohl. Einen großen Teil dieser Sammlungen be-stimmte er für den Transport an das IEJ in Frankfurt; Bestände, die ihn nicht interessierten, überließ er der Vernichtung. Die jü-

Im YIVO-Gebäude in Wilna, April 1943. Jüdische Zwangsarbeiter hatten nach den Anweisungen des Einsatzstabs Reichsleiter Rosenberg Bücher zu sortieren und für den Abtransport bereitzustellen.

dischen Zwangsarbeiter der im Ghetto selbst so genannten »Papierbrigade« hatten die Bestände den Anordnungen des ERR gemäß für den Abtransport zu verpacken oder als Makulatur für die Papierfabrik bereitzustellen. Verzweifelt über die Zerstörung der von ihnen zum Teil selbst aufgebauten Sammlungen, bestand ihr Widerstand im Schmuggel von mehreren tausenden Büchern, die sie im Gebäude des YIVO selbst oder im Ghetto versteckten. Einige polnische und litauische Kollegen und Freunde waren behilflich, Bücher in der Stadt zu verstecken.

Grotesker Weise verpflichtete der Rosenberg-Stab die »Papierbrigade« zudem dazu, eine kleine Ausstellung im YIVO-Gebäude zu organisieren. Die Ausstellung, so die Zeitung der deutschen Besatzung in Wilna, zeige die Arbeit des ERR, des »Stoßtrupps der Wissenschaft«, und präsentiere »Dokumente der Weltfeinde Nr. 1 und 2, des Judentums und des Bolschewismus«[30]. Im September 1943 wurde das Ghetto endgültig aufgelöst. Nur 2 000 bis 3 000 Juden Wilnas haben überlebt.

Die Bibliothek des Reichssicherheitshauptamtes

Auch die »Kulturabteilung« VII des Reichssicherheitshauptamtes (RSHA) in Berlin beschäftigte jüdische Zwangsarbeiter für »ihre« Bibliothek. Das RSHA übertraf, wie bereits Hannah Arendt bemerkte, Rosenbergs Einsatzstäbe hinsichtlich der geraubten Bestände beträchtlich. Angenommen wird eine Größe von zwei bis drei Millionen Bänden.[31] Untergebracht war die Bibliothek des RSHA zunächst in Berliner Logengebäuden, später in einer Synagoge in Schöneberg; unterteilt war sie in vier »Gegnerbibliotheken« mit den Abteilungen »Kirche«, »Freimaurerei«, »Marxismus« und »Judentum«. Über die Abteilung Judentum heißt es: »Im RSHA trug man eine jüdische Bibliothek von solchem Umfang und solcher Vollständigkeit zusammen, wie sie wohl sonst nirgendwo aufzufinden war.«[32] Der Bestand setzte sich zusammen aus den Bibliotheken des Jüdisch-Theologischen Seminars Breslau, der Hochschule für die Wissenschaft des Judentums in Berlin, der Gemeinden zu Berlin, Breslau, Gleiwitz, Hamburg, Königsberg, Warschau und Wien sowie aus Privatsammlungen. 24 jüdische Wissenschaftler, deren Arbeitsbedingungen denen in Konzentrationslagern glichen, hatten unter der Leitung Ernst Grumachs, zuvor Dozent an der Hochschule für die Wissenschaft des Judentums, die Sortierung zu verrichten und, nach den Bombenangriffen auf Berlin, den Abtransport in Ausweichorte vorzubereiten.[33]

Bibliotheken in den Ghettos unter nationalsozialistischer Herrschaft – die Beispiele Warschau, Wilna, Theresienstadt

Die Situation in den unter nationalsozialistischer Herrschaft errichteten Ghettos im östlichen Europa war geprägt von physischer Not, Hunger, Krankheiten, Angst, ständig drohenden Erschießungen und Deportationen. Für die kurze Zeit vor ihrer Liquidierung entstand in den Ghettos eine geheime Subkultur, für die auch Ghetto-Bibliotheken von Bedeutung waren. Im Fall Theresienstadt ordnete die SS die Gründung einer »Zentralbibliothek« an, in den meisten anderen Ghettos, das zeigen die Beispiele Warschau und Wilna, entstanden sie auf Initiative Einzelner, die erhofften, auf diese Weise einen geistigen Beitrag zum Überleben leisten zu können.[34] Angesichts der sie umgebenen physischen Bedingungen haben diese Bibliotheksbetreiber über den ihnen sonderbar erscheinenden Charakter ihrer Tätigkeit reflektiert. Ihre Zeugnisse sprechen von Zweifeln darüber, ob die Sorge um eine irgendwie funktionierende Bibliothek zu rechtfertigen war. Dina Abramowicz, Mitarbeiterin der Ghetto-Bibliothek in Wilna, hat berichtet, wie ihr die Idee zunächst absurd erschien: »eine Bibliothek im Ghetto, wo es am Notwendigsten fehlte und alle ständig zwischen Leben und Tod schwebten?«[35] Die Bedürfnisse der Leser, der »Hunger nach dem gedruckten Wort« räumten solche Bedenken aus. Die Extremsituation des Ghettos ließ die existenziellen Funktionen auch des Lesens hervortreten: Ablenkung und Vergessen, aber auch geistige Selbstbehauptung und Stärkung des Widerstandswillens. Als Bibliothekar des Wilnaer Ghettos erfuhr Herman Kruk die Motive seiner Leser unmittelbar. Die Rolle des Buches in dieser Situation analysierte er als »Narkotikum«, als Medium der Betäubung und Wirklichkeitsflucht. Kruk beobachtete, dass viele der Leser, selbst die Gebildetsten, vor allem literarisch Zweifelhaftes, Detektivgeschichten der einfachsten Sorte und Trivialliteratur, lasen. Im Gegensatz dazu machte er für eine andere Gruppe von Lesern aber auch eine kämpferische Haltung und den Wunsch nach Identifikation mit ähnlichen Schicksalen, die Suche nach motivierenden Antworten aus.[36] Die Bibliothekare der Ghettos haben sich bemüht, nüchtern und beherrscht diesen Bedürfnissen nachzukommen.

Lesen bedeutete im Ghetto nicht zuletzt den Versuch, die Gewohnheiten zivilisierter Existenz und Humanität zu bewahren[37] und sich damit in einen Gegensatz zur nationalsozialistischen Barbarei zu stellen. Ein dies illustrierendes und deutsche Leser besonders berührendes Zeugnis stammt von Marcel Reich-Ranicki:

»Daß die Zeit meiner Zuneigung im Grunde nichts anhaben
konnte, zeigte sich überraschend einige Jahre später – im Warschauer Getto. Ich hatte einen Bekannten besucht, von dem ich
irgend etwas brauchte. Bei ihm fand ich, womit ich nicht gerechnet hatte: deutsche Bücher. Plötzlich fiel mir ein kleiner, schmu-
cker Band auf: ›Doktor Erich Kästners Lyrische Hausapotheke‹,
1936 in Zürich veröffentlicht. […] Ich wollte dieses Buch unbe-
dingt haben, ich hätte es mir sofort gekauft, wenn dies nur möglich gewesen wäre. Nein, erwerben konnte ich den Band nicht, er
ließ sich auch in keinem Antiquariat im Getto finden. Immerhin
bekam ich ihn geliehen – für eine begrenzte Zeit, versteht sich.
Ein Mädchen, das Teofila hieß, aber Tosia genannt wurde und von
dem hier noch mehr als einmal die Rede sein wird – Tosia also hat
Kästners ›Lyrische Hausapotheke‹ für mich von Hand kopiert. Sie
hat die Gedichte auch illustriert und schließlich die Blätter sorg-
fältig geheftet. […] Da saßen wir also zusammen, Tosia und ich,
und langsam und nachdenklich lasen wir in dunkler Nacht und
bei kümmerlicher Beleuchtung diese deutschen Verse, die sie für
mich abgeschrieben hatte. Von einem nahe gelegenen Gettoein-
gang hörten wir ab und zu deutsche Schüsse und jüdische
Schreie. Wir zuckten zusammen, wir zitterten. Aber in jener
Nacht lasen wir weiter – die ›Lyrische Hausapotheke‹.«[38]

Bibliotheken im Warschauer Ghetto

Marcel Reich-Ranickis Festhalten an deutscher Lektüre trotz der
von Deutschen verübten Greuel ist eines der Beispiele für die Lesekultur, wie sie von Juden im Warschauer Ghetto unter schwers-
ten Bedingungen aufrechterhalten wurde. Dazu trugen auch
bibliothekarische Bemühungen bei. Nach der deutschen Besetzung Warschaus am 27. September 1939 hatte es zu einer von vielen der gegen die ca. 360 000 Juden der Stadt gerichteten Maß-
nahmen gehört, im November 1939 alle jüdischen Bibliotheken
und Buchhandlungen zu schließen. Für eine kurze Zeit, von Anfang bis Frühjahr 1940, durften zwar einige private jüdische Leihbüchereien wieder eröffnen, doch wurden sie bald darauf erneut

verboten. Weil es Juden zugleich untersagt war, polnische Bibliotheken zu benutzen, entstand in der Stadt eine illegale Biblio-
theksbewegung, ein versteckter Leihbuchhandel. Im November
1940 schlossen die deutschen Besatzer das seit dem Frühjahr
errichtete Warschauer Ghetto, in das sie die jüdischen Bürger
Warschaus und umliegender Städte zwangen. Ihre Zahl wuchs
vor Beginn der Deportationen annähernd auf ein halbe Million
Menschen an. Mit dem allgemeinen Organisationsverbot und
zahlreichen anderen Vorschriften galt auch das Bibliotheksver-
bot im Ghetto fort. So wurde der Lesebedarf weiterhin zunächst
durch Wanderbüchereien oder private kleine Leihbüchereien ge-
deckt, die für ihre Betreiber eine geringe Einnahmemöglichkeit
boten. Die weiter bestehenden Netzwerke der Parteien und anderer Gruppierungen ließen ebenfalls einen heimlichen Buch-
austausch zu. Der »Judenrat«, die von den Nazis zwangsverord-
nete Schein-Selbstverwaltung des Ghettos, erreichte im Juni 1941
zwar die Genehmigung für Büchereien und Buchhandlungen,
allerdings musste ein Teil im Januar 1942 auf deutsche Anwei-

Kinder verkaufen
gebrauchte Bücher im
Warschauer Ghetto,
1940.

sung hin bereits wieder schließen.³⁹ Die Bibliothekarin Batia
(Bashe) Temkin (1907–1953), die vor der deutschen Besetzung
als Abteilungsleiterin der Stadtbibliothek Warschau angestellt
und zusätzlich in der Judaica-Abteilung der Polnischen Staatsbibliothek tätig gewesen war, hat diese Situation beschrieben:

»Weil außer den Bibliotheken auch die Buchhandlungen ge-
schlossen waren, spielte sich damals der gesamte Buchhandel auf
der Straße ab, vor allem auf der Nowolipki-Str. Dort standen etwa
10 Bücherverkäufer, ehemalige Buchhändler und Verleger, mit
ihrer Ware im Wägelchen oder auf kleinen Tischen. […] An der
Ecke Karmelicka-Str. boten zwei Jungen Kinderbücher an, die sie
nicht müde wurden, mir zu empfehlen […]. Viele verarmte Leute
verkauften im Ghetto ihren privaten Bücherbesitz für Groschen.
Bei dem extremen Mangel an notwendigsten Lebensgütern waren
Bücher wesentlich billiger als vor dem Krieg. Wahre Kostbar-
keiten lagen einfach auf der Straße herum.«⁴⁰

Auf eigene Initiative richtete Bashe Temkin im Warschauer
Ghetto eine Kinderbibliothek ein. Von Ende 1940 bis zur Deportation der Kinder im Juli 1942 war die Bibliothek für die jüdische
Kinderwohlfahrt Centos tätig, eine Organisation, die Waisenhäu-
ser, Kinderkrippen, Kinderhospitäler und andere Einrichtungen
versorgte. Temkin konnte die Bücherei in zwei Räumen einer leer
geräumten Stadtteilbibliothek einrichten, wobei sie die Bücher
zur Zeit des offiziellen Verbots zur Tarnung mit Puppen und anderem Spielzeug umgab, um so als Einrichtung »für Kinderver-
gnügen« gelten zu können. Tatsächlich fanden in den Räumen
manchmal kleine Aufführungen für Kinder statt. Der Bestand von
rund 5000 Büchern ergab sich durch Geschenke und Reste aus
ehemaligen Büchereien. Pro Ausleihe erhielt ein Kind ein jiddi-
sches und ein polnisches Buch. Kinder und Jugendliche waren ihr
bei der Sammlung und Organisation behilflich. Temkin sprach
mit Bewunderung über den Wissensdurst der jungen Biblio-
theksbenutzer. Noch mehr als an der ohnehin schrecklichen Lage
litt sie mit den Kindern, die im Ghetto auch noch als Flüchtlinge
oder Obdachlose leben mussten.

»Eingewickelt in Lumpen, haben sie ganze Winter auf den bloßen Pritschen in den Flüchtlingsheimen oder in den ärmlichen Behausungen verbracht, aus denen man längst die letzten Kissen verkauft hatte. In dieser Situation war den Kindern das Buch fast so wichtig wie Brot. Oft kamen sie als ›Boten‹ zu uns, um Bücher für ihre Freunde zu tauschen, die noch weniger anzuziehen hatten als sie selbst. Viele erschienen in ›phantastischem‹ Aufzug aus Tüchern, Decken und Lumpen. Aber sie kamen fast täglich in die Bibliothek mit der Bitte um ›ein schönes Buch, das den Hunger vergessen läßt‹.«[41]

Nach der Deportation der Kinder des Ghettos im Juli 1942 hatte Temkins Bibliothek keine Leser mehr. Bashe Temkin und ihrem Mann gelang im September 1942 die Flucht aus dem Ghetto. Nach der Befreiung Warschaus baute sie für das Zentralkomitee der Juden in Polen eine Bibliothek von 100 000 Bänden auf.

Eine weitere Bibliothek des Warschauer Ghettos war die von Leib Schur. Schur, der in Wilna einen jüdischen Verlag geleitet hatte, ist als grenzenloser Idealist beschrieben worden, der im Ghetto ein große jüdische Volksbibliothek aufzubauen versuchte. Für die Unterbringung der Bestände opferte er sein Zimmer; die kranke Mutter schlief in der Küche, er selbst auf dem Flur. Für seine Sammlung förderte Schur Bestände ehemaliger jüdischer Bibliotheken zu Tage und kaufte mit Geldern der jüdischen Selbsthilfe-Gesellschaft Bücher auf. Für Kinder geeignete Bücher leitete er an Bashe Temkin weiter. Die Leser seiner Sammlung waren vor allem politisch aktive Jugendliche und Wissenschaftler. Als in Folge der Deportationen im Jahr 1942 die Einwohnerzahl des Ghettos sank, wurden die Grenzen enger gezogen. Dadurch lag die Wohnung, und somit auch die Bibliothek Schurs plötzlich außerhalb der Mauern. Schur mochte die Vernichtung seiner Bibliothek nicht mit ansehen und beging Selbstmord.[42]

Die Bibliothek im Wilnaer Ghetto

In Wilna ließ die deutsche Kommandantur die Existenz einer Ghetto-Bibliothek zu.[43] Während den ERR insbesondere die Bestände des YIVO und der Straschun-Bibliothek interessierten, konnte im September 1941 die nun innerhalb des Ghettos gelegene, leicht beschädigte Bibliothek der Aufklärungsgesellschaft wieder hergerichtet werden. Die Initiative hierzu ging von Herman Kruk aus, der auch für die »Papierbrigade« des ERR zwangsverpflichtet wurde. Kruk (1897–1944) war ein bekannter Bundist. Als Leiter der Grosser-Bibliothek in Warschau, dem bedeutenden Zentrum jiddisch-sozialistischer Kulturarbeit, hatte er in den dreißiger Jahren viel für das jüdische Bibliothekswesen in ganz Polen bewirkt (→Kap. 1). 1939 war er vor den Deutschen aus Warschau nach Wilna geflohen. Beim »Judenrat« des Ghettos erreichte er nun, dass die Bibliothek der Aufklärungsgesellschaft als offizielle Einrichtung der jüdischen Ghetto-Administration anerkannt wurde. Diese wiederum ordnete im März 1942 zur Ergänzung der stark zerlesenen Bestände an, Bücher aus Privatbesitz an die Bibliothek abzugeben, so dass sie allen Interessierten zugute kommen konnten. In den beiden Jahren ihres Bestehens verzeichnete die Bibliothek fast 7000 Leser. Dina Abramowicz, die in Wilna geboren und aufgewachsen war und seit 1939 für die Kinder-Bibliothek gearbeitet hatte, war nun als eine von vierzehn Angestellten der Wilnaer Ghetto-Bibliothek tätig. Sie hat die Interessen der Leser beschrieben[44]: Vormittags kamen die »Damen der Gesellschaft«, die sich besonders für russische Liebesromane interessierten. Am frühen Nachmittag kamen die Schulkinder, für die Jules Verne und Mark Twain die gefragtesten Autoren waren:

»Ich gab die Bücher aus und traute meinen Augen nicht: jiddische Jules-Verne-Übersetzungen, um 1900 in New York erschienen, geschrieben in veralteter Orthographie und einem gewollt epigonalen Stil, waren von so vielen Liebhabern zerlesen, daß man den Text auf den speckig-glänzenden Seiten kaum noch entziffern konnte.«

Nichts habe die Kinder vom Lesen dieser Bücher abhalten können, »bedeuteten die Bücher den Ghetto-Kindern vielleicht den
einzigen Zugang zum Reich der Phantasie, das sie sich um jeden
Preis erobern wollten«[45]. Die Jugendlichen fragten besonders
nach sowjetischer Literatur, und taten dies zurückhaltend, um die
deutschen Wächter nicht zu provozieren. Am Abend verlangten
Leser mit Arbeitsplätzen außerhalb des Ghettos nach polnischen
Übersetzungen der Weltliteratur, nach Literatur zu politischen
und sozialen Themen. Besonders Werfels Roman »Die 40 Tage
des Musa Dagh«, der den im Ersten Weltkrieg verübten Geno-
zid an den Armeniern beschreibt, war gefragt. Im Dezember
1942 wurde die 100 000. Buchausleihe im Ghetto gefeiert. Im Mai
1943, als aufgrund der »Aktionen« nur noch weniger als 2 000
Menschen im Ghetto lebten, wurden noch 14 400 Bände ausgeliehen.

Herman Kruk wurde 1944 ermordet. Seine Aufzeichnungen,
die als »Togbukh fun Vilner Geto« erhalten blieben, bilden eine
wichtige Quelle. Dina Abramowicz gelang die Flucht aus einem
Deportationszug. Sie überlebte unter den Partisanen in den Wäl-
dern um Wilna. Nach dem Krieg war sie lange Jahre Leiterin der
Bibliothek des YIVO-Institutes in New York.

Die Ghetto-Bibliothek in Theresienstadt

Der Aufbau der Bibliothek im Ghetto Theresienstadt wurde von
der SS-Lagerleitung angeordnet. Für die SS war das nichts anderes als ein Instrument zynischer Propaganda. Dennoch gelang es
den jüdischen Bibliothekaren dieser zentralen Ghettoeinrich-
tung, wichtige Kulturfunktionen zu erfüllen.

Mit der Errichtung des Ghettos in der ehemaligen Garnisons-
stadt Theresienstadt wurde im November 1941 begonnen. Die
größte Gruppe der Internierten bildeten Juden aus dem »Protektorat Böhmen und Mähren«. Seit dem Sommer 1942 kamen als
zweite große Gruppe deutsche und österreichische Juden hinzu.
Ihr Alter lag im Durchschnitt über 70 Jahren, so dass vom »Juden-
Altersghetto« des Deutschen Reiches die Rede war. Da es sich

bei ihnen auch um jüdische Bürger handelte, die international bekannt waren, sich im Ersten Weltkrieg Auszeichnungen erworben hatten oder in »Mischehen« lebten, sprach die NS-Propaganda auch gerne vom »Vorzugslager« und von der »jüdischen Mustersiedlung«. Theresienstadt war – anders als nach außen präsentiert – ein Lager, aus dem die Internierten in die Vernichtungslager deportiert wurden. Das Ausgeliefertsein an den Tod war im Ghetto immer präsent. Bedingt durch die extreme Überfüllung herrschten Hunger, Krankheiten und eine hohe Sterblichkeit. Bis Kriegsende wurden über 140 000 Menschen nach Theresienstadt verbracht. 33 000 Internierte starben im Ghetto, 88 000 wurden in Todeslager in Osteuropa deportiert.[46]

Die Ghetto-Bücherei wurde am 17. November 1942 eröffnet.[47] Anfangs zählte sie 4 000 Bände, für das Jahr 1944 gehen Angaben von bis zu 200 000 Büchern aus. Der Bestand hing vor allem von den Anlieferungen deutscher Stellen ab. In ihn gingen aufgelöste Bibliotheken jüdischer Vereinigungen, öffentliche und wissenschaftliche Sammlungen, darunter Bestände des Rabbiner-Seminars und der Hochschule für die Wissenschaft des Judentums in Berlin, und Reste jüdischer Privatbibliotheken aus dem Deutschen Reich und dem »Protektorat« ein. Es ist nicht klar, ob die Nazis die Ghetto-Bücherei als späteren Bestandteil des in Prag geplanten »Museums einer untergegangenen Rasse« verwenden wollten.[48] Jedenfalls hatten die bis zu siebzehn Angestellten der Ghetto-Bibliothek einen Katalog nach den Richtlinien der Preußischen Staatsbibliothek zu erstellen. Um den kruden Stolz ihrer »arischen Herren« zu befriedigen, sprach der Rechenschaftsbericht der Ghettobücherei 1943 denn auch von einer der »größten jüdischen Bibliotheken der Welt«.[49]

War Theresienstadt als Ganzes »das große Täuschungs- und Ablenkungsmanöver während der Durchführung des Genozids« und Eichmann zufolge dazu da, »nach außen das Gesicht zu wahren«,[50] – so galt dies im Kleinen erst recht für die Vorzeigerolle der Bibliothek. Die SS-Lagerleitung präsentierte auch sie 1944 einer Kommission des Internationalen Roten Kreuzes, der das »normale Leben« in Theresienstadt vorgegaukelt werden sollte. Bereits Ende 1943 hatte die SS einen jüdischen Häftling mit der Abfassung eines Drehbuchs zu einem »Dokumentarfilm aus

DAS BUCH

NAMEN

Verdeutscht von

MARTIN BUBER

gemeinsam mit

FRANZ ROSENZWEIG

ZENTRALBIBLIOTHEK
THERESIENSTADT

Berlin

Verlag Lambert Schneider

dem jüdischen Siedlungsgebiet« beauftragt. Über die Dreharbeiten des Films, der unter dem Titel »Der Führer schenkt den Juden eine Stadt« bekannt werden sollte, und der auch die »Lieblingsschöpfung« des SS-Lagerkommandanten zu zeigen hatte, schrieb die Bibliothekarin Käthe Starke:

»SS bevölkert die Bücherei. Allerorten zwischen den Gassen der Regale, an Wänden und Türpfosten lehnen sie und müssen aus dem Blickfeld der Kamera gewinkt werden. [...] Die Prachtrücken der Encyclopedia Judaica und des Jüdischen Lexikons erstrahlen im Licht der Scheinwerfer. [...] Danach streift die Kamera durch die Gänge, um Umfang und Reichtum dieser einmaligen, in halb Europa zusammengestohlenen Bücheransammlung zu demonstrieren.«[51]

Buch eines unbekannten Vorbesitzers mit dem Stempel der Zentralbibliothek des Ghettos Theresienstadt.

Unter dem Anschein, solchen Wünschen geflissentlich nachzukommen, haben die Angestellten der Ghettobücherei für die jüdischen Leser viel geleistet. Der Leiter der Bibliothek war Emil Utiz. Er war in Prag geboren, lehrte ab 1910 in Rostock und ab 1925 in Halle Philosophie und Psychologie. 1933 aus Deutschland emigriert, hatte er in Prag bis 1939 wiederum als Professor an der Karls-Universität gearbeitet. Aufgrund seiner Erfahrungen in Deutschland und in der Tschechoslowakei vermochte Utiz es offenbar, für die beiden so unterschiedlichen jüdischen Gruppen in Theresienstadt Angebote bereitzustellen. Mit der Ausrichtung der Bibliothek, aber auch mit Vortragsangeboten hat er die alten, deutsch akkulturierten Juden und die jüngeren und kämpferischen, vorwiegend zionistisch orientierten böhmischen und mährischen Familien im Ghetto einander näher zu bringen versucht.

An der Spitze mehrerer kleiner Bibliotheken stand die Ghettozentralbibliothek. Bücher konnten entliehen werden, Präsenzabteilungen hielten Hebraika und wertvolle wissenschaftliche Literatur bereit. Zusätzlich wurden Wanderbibliotheken zusammengestellt, die aus Bücherpaketen mit leichterer Literatur bestanden und unter den Kranken und Alten kursierten. Literatur aus der Bibliothek war notwendig für die kulturellen Angebote, für Theateraufführungen, Konzerte und Gottesdienste (auch der kleinen christlichen Gemeinde im Ghetto). Utiz versuchte mit Büchern den unterschiedlichsten Bedürfnissen im Ghetto nachzukommen. Er beklagte den Mangel an belletristischen Beständen – auch in Theresienstadt waren Ablenkung und geistige Flucht wichtige Lesemotive.[52] Die Bibliothekare benutzten die repräsentative Fassade des Lesesaals zudem, um verbotene Bücher hinter den Prachtexemplaren zu verstecken. Unter anderem konnte so die Jugendfürsorge mit Lehrmaterial für den (verbotenen) Unterricht versorgt werden.

Wenn Menschen aus dem Lager abtransportiert wurden, nahmen sie nicht selten die ausgeliehenen Bücher mit. Viktor Frankl, der Theresienstadt und Auschwitz überlebte, hat beschrieben, wie in Theresienstadt auf deutsche Anordnung hin ein Transport mit fast tausend jungen Menschen zusammengestellt werden musste. Nach ihrem Abtransport nach Auschwitz wurde festgestellt,

»daß in der Nacht in die Lagerbücherei eingebrochen worden war. Jeder einzelne von den Todgeweihten hatte sich Werke seiner Lieblingsdichter, aber auch wissenschaftliche Bücher in den Rucksack gestopft. Als Reiseproviant auf die Fahrt ins (zum Glück noch) Unbekannte.«[53]

7 Bibliotheksgeschichte als Migrationsgeschichte

Die Geschichte jüdischer Bibliotheken in der Moderne ist zu einem bedeutenden Teil Migrationsgeschichte. Dabei ist es zunächst ein ganz alltäglicher Wesenszug von Büchern, ein bewegliches Medium zu sein. Gewöhnlich wechseln Bücher ihre Orte, weil sie erworben, ausgeborgt oder verschenkt werden. Anders verhält sich dies mit ganzen Bibliotheken. Private Sammlungen werden ziviler Weise vererbt, verkauft oder vermacht. Entweder sie bleiben in Familienbesitz, gehen in Antiquariate, neue Privatsammlungen oder in den Bestand öffentlicher oder wissenschaftlicher Bibliotheken über. Stets vermitteln solche Bestände etwas vom früheren Besitzer: mal offensichtlich, wenn die Sammlung unverändert erhalten bleibt, mal als Ahnung, wenn das einstige Profil nicht mehr recht erkennbar ist. Die Schichten von Geschichten, die Bücher unabhängig von ihrem Inhalt allein schon wegen ihrer Präsenz an einem bestimmten Ort zu einer bestimmten Zeit erzählen, überlagern und vervielfältigen sich in Bibliotheken, deren Bestände nicht nur aus Neuerwerbungen, sondern auch aus Antiquariatskäufen, Schenkungen und Übernahmen früherer Sammlungen entstehen. Natürlich werden Bücher meist wegen ihres Inhalts erworben, aber allein schon ihre museale »Dinglichkeit« und ihre herkunftsanzeigenden Hinweise wie Stempel, Widmungen oder Exlibris sind ein Ausdruck jener *Heterotopie*, die Michel Foucault in Bibliotheken und Museen als Orten »der sich endlos akkumulierenden Zeit« verkörpert sieht.[1] Nicht nur die *Zeiten* der in den Büchern beschriebenen Inhalte, so ließe sich ergänzen, sondern auch die ihnen im Wortsinn anhaftenden *Topoi* scheinen als Verweise auf die Orte der ehemaligen Leser, als an Büchern äußerlich ablesbare Spuren »anderer Räume« wieder auf.

Jüdische Bibliotheken, so könnte man meinen, sind eigentlich »immer schon« migriert. Schließlich gibt es das Bild von der Hebräischen Bibel – Heinrich Heines »portatives Vaterland« – als Bibliothek. Heinrich Loewe schrieb, der Tanach sei »äußerlich gesehen der Rest einer Bibliothek, welche der Ausdruck der ältesten Kulturperiode des hebräischen Volkes war«[2]. Und auch in einem Beitrag zu jüdischen Bibliotheken im Mittelalter heißt es: »The Jewish library was always, of course, that collection of books known as the Bible.«[3] Die Bibel erscheint so als eine Bibliothek, die Juden bei allen ihren Migrationen begleitete.

Jüdische Bibliotheken als Institutionen allerdings waren nicht ohne Weiteres »portativ«. Institutionelle Bibliotheken, welcher Natur auch immer, brauchen gewöhnlich ihren angestammten Ort. Und eine Sammlung braucht ihre Zeit. *Moderne* Formen solcher Sammlungen sind nicht selten bewusst in »historischem Bewusstsein« angelegt oder wahrgenommen worden: als Ausdruck des Abstandes und des Wandels gegenüber früheren Epochen und doch auch als ein Maß der vor allem wiederum historischen Verbundenheit. So sind jüdische Buchbestände und Bibliotheken auch als Objekte und Orte der Entdeckung und Wiederentdeckung von Geschichten und Geschichte aufgefasst worden, sowohl im privaten wie im »kollektiven« Sinne. Etwas von beiden Formen ist in der Lebensbeschreibung Alex Beins, der als Biograph Theodor Herzls bekannt wurde, zu finden: In seinen Memoiren hat Bein beschrieben, wie er als Jugendlicher im elterlichen Haus in Nürnberg die Bibliothek des Großvaters entdeckte und sich diese Bücher 1928 zu seiner Hochzeit schenken ließ:

»Sie waren für mich eine Art Adelspatent: Auch wir haben in unserer Familie Traditionen, Bücher, die vom Urahn kamen und über die Generationen weiter in der Familie wanderten und deren Entstehungszeit zum Teil noch um Generationen weiter zurücklag.«

Bein war später der Leiter des Zionistischen Archivs in Israel – Dokumentar und Historiker einer modernen, die jüdische Geschichte »wiederentdeckenden« Bewegung *par excellence*.[4] Seine Privatbibliothek hat, neben philosophischen Werken, vor allem

Bücher zur jüngeren jüdischen Geschichte umfasst. Als Nach-
lassbibliothek ist sie heute wiederum Teil der Bibliothek des Moses Mendelssohn Zentrum in Potsdam.[5]

»Die Emigration der Bücher«

In der Tat ist gerade die Geschichte der »deutsch-israelischen Be-
ziehungen« reich an Transfers von und für Bibliotheken. Das betrifft nicht nur die großen Bibliotheksbegründer wie Schocken
oder, in kleinerem Umfang, auch Scholem. Als nach der nationalsozialistischen Machtübernahme 1933 eine größere Zahl von
Juden Deutschland und Mitteleuropa verließ, um nach Palästina
einzuwandern, wurde auch das Wort von der »Emigration der
Bücher« geprägt.[6] Diese Äußerung brachte das Erstaunen darüber zum Ausdruck, dass nun mit den ca. 90 000 Deutsch
sprechenden Juden aus Deutschland, Österreich und der Tschechoslowakei in großem Umfang auch deutschsprachige Literatur
ins Land kam. Die Einwanderer brachten, so ihnen dies nur eben
möglich war, zumindest Teile ihrer privaten Sammlungen mit
oder ließen sich diese nachschicken. Die Emigranten aus NS-
Deutschland waren von den deutschen Behörden gezwungen
worden, den größten Teil ihres Besitzes in ihrer Heimat zurück-
zulassen. In den ein oder zwei Koffern, die sie mitbrachten, befanden sich häufig die ihnen am meisten ans Herz gewachsenen
Bücher. Die kleinen Häuser für die Neueinwanderer waren noch
nicht fertig, so beobachteten Zeitgenossen in Palästina, aber
schon stand selbstverständlich Goethe im Buchregal.[7] Letztlich
war es eine große Zahl von deutschsprachigen Klassikern und
von deutschsprachigen Büchern jüdischer Autoren wie Arnold
und Stefan Zweig, die so ins Land kamen. Den hebräischen Autor Samuel Joseph Agnon veranlasste das zu einer in den 1930er
Jahren spielenden Passage in seinem Roman »Schira«:

»Seit die Nazis an die Macht kamen, wurde Jerusalem ein Zentrum für deutsche Bücher. [...] Die Einwanderer aus Deutschland kommen immer mehr herunter, jedes Jahr beziehen sie eine
kleinere Wohnung; wer Schränke voller Bücher mitgebracht hat,

findet keinen Platz dafür in seiner eingeengten Behausung, lädt die Händler ein und verkauft ihnen einen Sack voll Bücher für einen Schilling, nur um Platz für sich selbst zu haben. Jede Straßenecke in Jerusalem ist jetzt voll von wertvollen Büchern, und es ist anzunehmen, daß wertvolle deutsche Bücher nicht in Deutschland, sondern in Jerusalem zu finden sind.«[8]

Und beinahe so, wie es die Hauptfigur in Agnons Roman in dieser Passage vorhersah, war es tatsächlich. Israelische Antiquariate waren nach dem Zweiten Weltkrieg unter mitteleuropäischen und deutschen wissenschaftlichen Bibliotheken sehr beliebt, um Kriegsverluste und Lücken an deutschsprachigen Judaica zu schließen.[9] Israelische Antiquariate wie Pollack in Tel Aviv oder Stern in Jerusalem wurden in den siebziger Jahren scharenweise von deutschen Studienräten besucht, um deutsche Klassikerausgaben zu erwerben.

Restitution nach 1945

Für den größten Teil institutioneller jüdischer Bibliotheken unter nationalsozialistischer Herrschaft war eine »Emigration«, wie sie durch den Transfer von Buchbeständen aus dem »Dritten Reich« ins Ausland vor 1938 noch – eingeschränkt – gelang, nicht möglich. Jüdische Bibliotheken, ob nun reich oder bescheiden ausgestattet, ob von den Benutzern geliebt oder kritisiert, zählten selbstverständlich zu den Kultureinrichtungen der jüdischen Lebens- und Alltagswelten in Europa. Wie selbstverständlich, zeigt vielleicht die Tatsache, dass es vor dem Zweiten Weltkrieg niemand für dringlich gehalten hatte, ein Gesamtverzeichnis von Bibliotheken und anderen kulturellen jüdischen Einrichtungen in großen Teilen des europäischen Kontinents anzulegen – mit Ausnahme der deutschen Einrichtungen des »wissenschaftlichen Antisemitismus«, die im Vorfeld der NS-Raubzüge das kulturelle Terrain sondierten. Als zu Ende des Zweiten Weltkriegs das Ausmaß der Zerstörung und der Konfiszierungen der jüdischen Kultureinrichtungen und -bestände deutlich geworden war, setzten seitens jüdischer Organisationen Bemühungen ein, wenigstens die nach dem Krieg noch auffindbaren Reste dieser Kulturschätze zu retten. Vor allem von amerikanisch-jüdischen Organisationen und von der Hebräischen Universität in Jerusalem ging die Initiative aus, zumindest die größeren der nun zerstörten oder konfiszierten jüdischen Kultureinrichtungen zunächst in der Form von Übersichten zu rekonstruieren. Die Commission on European Jewish Cultural Reconstruction, die organisatorisch zu der in New York ansässigen Conference on Jewish Relations gehörte, wurde mit dieser Aufgabe betraut. Die Leitung des Projekts übernahm Hannah Arendt – die später die hier gewonnenen Kenntnisse über die Rivalität um jüdische Bestände unter NS-Institutionen in ihr berühmt gewordenes Buch über »Elemente und Ursprünge totalitärer Herrschaft« einfließen ließ (→Kap. 6).[10] Die Projektgruppe der Commission on European Jewish Cultural Reconstruction zog hierzu zunächst Vorarbeiten von Mitgliedern der Hebräischen Universität, insbesondere von aus Deutschland emigrierten Bibliothekaren, heran.[11] Ergänzt durch eine Vielzahl weiterer Angaben entstand schließlich die »Tentative List on Jewish Cultural Treasures«, die 1946 als Supplement der Zeitschrift *Jewish Social Studies* erschien. Die bewusst »tentativ« genannte Liste verzeichnete etwa 800 Einträge zu Bibliotheken, Archiven und Museen[12] – Einrichtungen also, die bewegliche Güter wie Bücher, Dokumente oder Museumsstücke zu ihren Beständen gezählt hatten. Hingegen waren Synagogen und jüdische Friedhöfe als Kulturzeugnisse in der Liste nicht verzeichnet, »for their locations and present fate are easily ascertainable on the spot«. Zur Übersicht über die »Cultural Treasures« zählt auch eine Liste der antisemitischen Forschungsinstitute, die auf die Bestände zugegriffen hatten, sowie ein Appendix zu jüdischen Beständen in größeren allgemeinen Bibliotheken, Museen und Archiven. Weitere Übersichten zu ehemaligen jüdischen Schuleinrichtungen, zu Periodika, zu Verlegern von Judaika und Hebraika, sowie Addenda und Corrigenda folgten, ebenfalls in den *Jewish Social Studies* abgedruckt, bis 1948 nach.[13]

Als ihre Aufgabe nannte die Kommission:

»1. To constitute, together with similar bodies, an Advisory Council to the United Nations in the restoration and/or reconstruction of the cultural aspects of European Jewish life and in the rehabilitation and the redistribution of such Jewish cultural institutions (libraries, museums, schools, archives, etc.) as have been destroyed or confiscated.

2. To serve, in collaboration with governmental or intergovernmental agencies, as a Board of Trustees to take charge of and administer Jewish cultural institutions and properties formerly owned by communities now dispersed or by agencies now liquidated.«[14]

Gerade die Frage einer international anerkannten jüdischen Treuhänderschaft war von wesentlicher Bedeutung für die Zukunft der aufgefundenen Bücher.

Neben den bewussten Zerstörungen jüdischer Kultureinrichtungen im Zweiten Weltkrieg war ein Teil der durch das nationalsozialistische Deutschland konfiszierten Bestände unbeabsichtigt durch alliierte Bombenangriffe zerstört worden. Allein ein Brand in der zentralen Sammelstelle der konfiszierten Bestände in Berlin vernichtete Hunderttausende von Büchern. 1943 hatten die Nazis damit begonnen, die verbliebenen, nach wie vor riesigen Mengen vor allem in alten Schlössern in Schlesien und in der Tschechoslowakei in Sicherheit bringen zu lassen. In Frankfurt am Main waren die Hebraika aus der berühmten Hebraika- und Judaika-Sammlung der Stadtbibliothek einem Brand zum Opfer gefallen. Das Institut zur Erforschung der Judenfrage hatte daraufhin »seine« Bestände in der Umgebung in Sicherheit gebracht.

Die wichtigste Instanz der Redistribution ehemaliger Bibliotheksbestände war zunächst das vom amerikanischen Militär eingerichtete Offenbach Archival Depot. In das unter anderem in einem ehemaligen Gebäude der IG Farben eingerichtete Zentraldepot in Offenbach wurden die in der Umgebung von Frankfurt und in anderen Teilen der amerikanischen Besatzungszone aufgefundenen Bestände aus den Raubzügen des ERR und anderer NS-Institutionen überstellt.[15] Tatsächlich verstand sich das Offenbach Archival Depot (OAD) exakt als Entgegensetzung zum ERR – »reversing the flow started by the Einsatzstab Reichsleiter Rosenberg« heißt es auf einer Karte, welche die bis Ende 1946 geleistete Rückführung von 2,5 Millionen Büchern in verschiedene europäische Städte verzeichnet. Den ersten Leitern der Einrichtung, den amerikanisch-jüdischen Offizieren S. J. Pomrenze, gefolgt von Isaac Bencowitz, ist viel Sinn für die Herkunft der Bücher attestiert worden. Sie ließen lange Listen von Bibliotheksstempeln und anderen Besitzhinweisen erstellen, nach denen die Bücher sortiert wurden. Das OAD beschäftigte zeitweilig bis zu 200 Personen, wobei auch auf deutsche Arbeiter zurückgegriffen wurde.[16] Die Mehrzahl der ehemaligen Besitzer konnte rekonstruiert werden, bei ca. 300 000 Büchern war dies nicht möglich.

Unter den jüdischen Repräsentanten, die sich mit der Restitution der geretteten Bestände beschäftigten, war zunächst Gershom Scholem besonders gut mit der Arbeit des OAD vor Ort vertraut. Scholem, längst anerkannter Professor für jüdische Mystik und Kabbala, war 1946 mehrere Monate als Beauftragter der Hebräischen Universität in Europa tätig, um Vorschläge über die Zukunft der aufgefundenen Buchbestände zu entwickeln. Seine diesbezüglichen Recherchen führten ihn nach Frankreich, England, die Schweiz, Deutschland und in die Tschechoslowakei. Er selbst identifizierte im Offenbacher Depot hebräische Manuskripte. Das übliche Vorgehen des OAD war es, die einstigen Besitzer der geraubten Kulturgüter festzustellen, und sie, falls sie aus

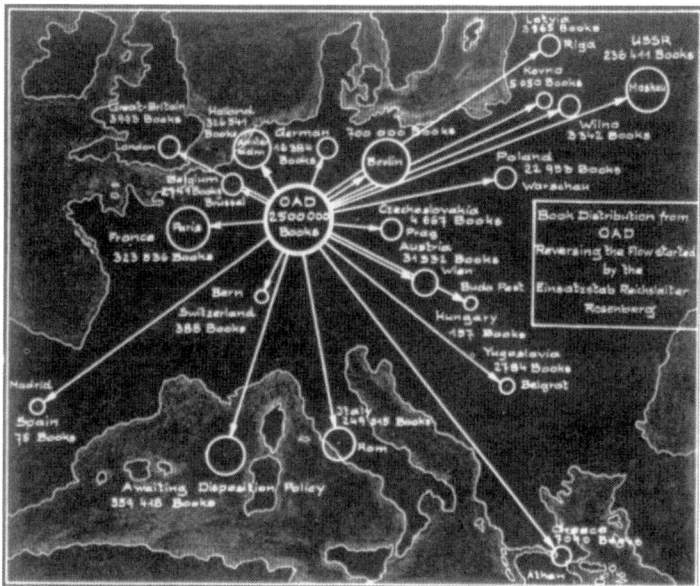

Die Umkehr des ERR-Buchraubes: Karte des OAD, auf der die Orte und die Zahl (Stand: November 1946) der rückgeführten Buchbestände verzeichnet sind.

Gershom Scholem, der im Auftrag der Hebräischen Universität Jerusalem im »Offenbach Archival Depot« hebräische Handschriften identifiziert, 1946.

den alliierten Staaten stammten, in diese Staaten zurückzuschicken. Die Herkunftsländer selbst waren dann für die weitergehende Restitution verantwortlich. Genau diese Bestimmung aber beunruhigte Scholem. Seine nachgelassenen Briefe und ein Artikel, den er für die israelische Zeitung *Ha'aretz* verfasste, geben Auskunft über seine tiefe Sorge um eine sinnvolle Weiterleitung der Bücher.[17] Diese Vorgehensweise, die auf allgemeinen Bestimmungen über die Rückgabe von Vermögen und Besitz beruhte, hätte, so schrieb Scholem, »den Interessen des jüdischen Volkes sehr geschadet, dessen Autorität als organisierte Körperschaft, die die ihr geraubten Schätze einfordern kann, nicht anerkannt wurde«[18]. Zuvor hatte er sich bereits an Leo Baeck gewendet, der Theresienstadt überlebt hatte, und auf dessen Unterstützung er setzte: »Wir glauben, mit einem Wort, daß dorthin, wo die Juden hinwandern, auch ihre Bücher mitgehen sollen.«[19] Seine Besorgnis über die Zukunft der geretteten Bücher rührte also offensichtlich daher, dass die Rückführung nach einem geographischen Prinzip an die Herkunftsstaaten erfolgte, auch wenn dort praktisch keine Juden mehr lebten, und dass grundsätzlich eine diesen Herkunftsstaaten analoge jüdische Körperschaft nicht anerkannt wurde. Auch wenn Scholem hier als Zionist vor allem die Hebräische Universität als an der Treuhänderschaft beteiligte Institution ins Spiel brachte, sind seine Gedanken auch ein Ausdruck des nach der Shoa deutlich werdenden Fehlens einer »exterritorialen«, aber dennoch in der internationalen Diplomatie als Völkerrechtssubjekt anerkannten Generalvertretung der Juden. Ganz konkret beunruhigte Scholem, dass aufgrund dieser Rechtssituation »nach Russland und Polen große Bestände verschwinden werden, über deren weiteres Schicksal wir uns keine Illusionen machen dürfen«[20]. In der Tschechoslowakei, wo er die Bergung aus den Verstecken der Nazis beobachtete, wagte er es von vornherein nicht, das Schicksal von Beständen aus ehemals jüdischem Besitz anzusprechen, wenn es sich dabei nicht eindeutig um Hebraika oder Judaika handelte. Für den aus der Ghetto-Bibliothek aus Theresienstadt geretteten Hebraika-Bestand von 30 000 Bänden hoffte er auf eine Anerkennung der Hebräischen Universität als Treuhänderin.[21]

Viele der Bestände gingen tatsächlich an jüdische Institutionen, wo sie heute der freien Benutzung nachfolgender Generationen zur Verfügung stehen. Die Treuhandgesellschaft Jewish Cultural Reconstruction Inc. sollte nach Anweisung der amerikanischen Regierung alle Bücher übernehmen, deren Besitzer nicht ermittelt werden konnten oder nicht mehr lebten. Entsprechend wurde grundsätzlich mit den hunderttausenden von Büchern im OAD verfahren, in denen es keinerlei Hinweis auf ihre ehemaligen Besitzer gab. Auch größere Bestände aus Gebieten, deren Eroberung durch die Sowjetunion von den Vereinigten Staaten nicht anerkannt wurde, waren von der Rückführung in diese Gebiete ausgenommen. Überhaupt konnten aus dem OAD zum Teil komplette Bestände wie die der Bibliotheca Rosenthaliana aus Amsterdam vollständig und unausgepackt zurücküberwiesen werden – das IEJ in Frankfurt war bei all seiner Gier schlichtweg nicht dazu gekommen, die Kisten auch nur auszupacken. Auch die vom ERR geraubten Bestände, die jüdische Zwangsarbeiter im YIVO in Wilna hatten zusammenstellen müssen, konnten in ähnlicher Weise zu einem größeren Teil geborgen werden. Sie gingen nach New York, der einstigen Filiale, nun aber dem Hauptsitz des YIVO. So entdeckte Lucy Dawidowicz bei ihrer Arbeit im OAD einen vergangenen Teil Wilnas:

»When I first arrived in February 1947 at the Offenbach Archival Depot, a considerable portion of YIVO property had already been identified. [...] I stayed there until June, when my work was successfully completed and I witnessed the removal from the depot of some 420 cases of books and archives to the YIVO Institute in New York.

That experience was for me like a dream come true. All through the war years I had been obsessed by recurring fantasies that I might find, even rescue, some of my lost Vilna friends. Finally, I had, in a very tangible way, rescued a part of Vilna, even if it consisted just of inanimate objects – books, mere pieces of paper, the tatters and shards of civilization.

But in the course of my melancholy work, I also learned that one could not restore the murdered past to life. One could never put Vilna together again.«[22]

Viele Beispiele erneut zugänglich gemachter Buchsammlungen ließen sich hier anführen. Neben größeren Transfers, etwa dem einer halben Million Bücher an die Jüdische National- und Universitätsbibliothek, die wiederum ein Teil davon auf andere israelische Bibliotheken verteilte, gab es auch kleine Buchsendungen für den sofortigen Bedarf. Eine kleine Auswahl von 20 000 Bänden ging in die Camps für die heimatlos gewordenen jüdischen *Displaced Persons*.[23] Die vom »Judenfresser« Julius Streicher zusammengeraubte Sammlung hebräischer Bücher wurde zusammen mit der Ausrüstung seiner Farm an ein Kibbuz überstellt, in dem sich junge Überlebende des Holocaust ansiedelten.[24]

Über die tatsächliche und insgesamt kaum zu überblickende Restitution der einzelnen Bestände kann hier im Detail nicht berichtet werden, zumal dieser Prozess noch gar nicht abgeschlossen ist. Seit 1989 erklärt sich auch Russland zunehmend zur Rückgabe der von Deutschen geraubten Bibliotheks- und Archivbestände bereit, auf welche die Sowjetarmee bei ihrem Vordringen gestoßen war.[25] Die Frage geraubter Bestände in bestimmten deutschen öffentlichen Bibliotheken ist erst vor einigen Jahren aufgekommen und wurde durch Mitglieder der Arbeitsgemeinschaft kritischer BibliothekarInnen (Akribie) in mühevoller Arbeit angegangen.[26]

Berlin – Amsterdam – London – Tel Aviv. Die Wiener Library

Gleich mehrfach »migriert« ist die »Wiener Library«, und kurioser Weise existiert sie heute gleich doppelt. Ihre Wurzeln reichen noch in die Weimarer Republik zurück. Ihr Namensgeber Alfred Wiener hatte als Syndikus des Centralvereins deutscher Staatsbürger jüdischen Glaubens, kurz C. V., die Abwehr des Antisemitismus zu seinen vorrangigen Aufgaben gezählt. Im 1929 etablierten »Büro Wilhelmstraße« in Berlin, das vom C. V. und anderen jüdischen Organisationen verdeckt getragen wurde, um gezielte Agitationskampagnen gegen die NSDAP zu organisieren, lag der konzeptionelle Ursprung seiner eigenen Bibliothek (→Kap. 4). Aus Deutschland emigriert, baute Wiener seit 1934 in Amsterdam das Jewish Central Information Office auf.[27] Ziel seines Instituts war, Material über das Vorgehen der Nazis in Deutschland zusammenzustellen, um mit dieser Dokumentation jüdische Organisationen und die politische Öffentlichkeit zu mobilisieren. Die Agentur sammelte alle nur erdenklichen Informationen zum Antisemitismus, unter anderem auch alle Ausgaben der nationalsozialistischen Presse. Beispielsweise stellte Wieners Institut Material für den Prozess gegen die Autoren des »Protokolls der Weisen von Zion« in der Schweiz zusammen. Ende 1938 wurde mit einer Dokumentation des ganzen Ausmaßes der »Reichskristallnacht« begonnen. Im Frühjahr 1939 verlegte Wiener den Sitz des Instituts und die Spezialbibliothek nach London, konnte aber die in Amsterdam verbliebene Zweigstelle und einige seiner Mitarbeiter nicht mehr rechtzeitig vor dem deutschen Überfall auf die Niederlande retten.

In London diente das Institut, das nun als »The Wiener Library« bekannt wurde, der britischen Regierung und vor allem der BBC als wichtige Informationsagentur. Nach Kriegsende bildete die Dokumentation der Wiener Library die Grundlage für die Nürnberger Prozesse; im Gegenzug erhielt sie bedeutende NS-Archivalien. Im Kern eine wissenschaftliche Bibliothek, welche zeitgleich mit dem Geschehen die Verfolgung der Juden in Deutschland dargelegt hatte, war sie nach Kriegsende die erste Institution, die der Erforschung des Nationalsozialismus und des Holocausts diente.[28] Vor allem das *Wiener Library Bulletin*, das bis 1965 in einer ersten Folge in 19 Ausgaben erschien, leistete in dieser Beziehung Bedeutendes. Zugleich blieb das Institut der Aktualität treu, zum einen, indem es auch neo-nazistische und neo-faschistische Tendenzen dokumentierte, zum anderen, indem es sein Aufgabenspektrum auf Problemfelder der internationalen Politik erweiterte. Eine Reihe von internationalen Historikern und Politologen machte davon in den fünfziger und sechziger Jahren Gebrauch, so etwa Alan Bullock, der die für die Diskussion wichtige Doppelbiographie »Hitler and Stalin« veröffentlichte. Nach dem Tod Alfred Wieners im Jahr 1964 dehnte der neue Direktor Walter Laqueur das Forschungsspektrum auf weitere Themenfelder der Zeitgeschichte aus, wie dies in dem seit 1966 erscheinenden *Journal of Contemporay History* zum Ausdruck kommt.

Allerdings konnte auch Laqueur ein administratives Problem der Wiener Library in London nicht lösen – den ständigen Mangel an finanziellen Ressourcen. Zwar gingen bis in die siebziger Jahre seitens der BBC weiterhin Mittel ein. Auch erfolgten unter anderem Überweisungen durch die Claims Conference, an die Deutschland im Rahmen der Wiedergutmachung Gelder überwies. Aus der internen Vergabe durch die Claims Conference erhielt die Wiener Library aber weit weniger Mittel als YIVO in New York oder Yad Vashem in Jerusalem. Eine auch nur mittelfristige Sicherung ihres Fortbestehens als eigenständige Institution war daher ständig gefährdet. Der »Biograph« der Wiener Library erklärt dies mit der »deutschen Identität« dieser Sammlung, die sie jüdischen Organisationen und Institutionen der Nachkriegszeit als irgendwie fremd erscheinen ließ.[29] Laqueur, neben seinen bedeutenden Arbeiten als Historiker sicher nicht unbeschlagen im »Wissenschaftsmanagement«, sah nach vielen vergeblichen Anstrengungen um eine gesicherte Existenz des Instituts in London und nach gescheiterten Kooperationsverhandlungen in England keine andere Wahl, als auf ein Angebot aus Israel einzugehen. Die Bibliothek der Universität Tel Aviv zeigte sich an der Übernahme der Bestände interessiert, und letztlich willigte Laqueur in den Transfer der Bestände von London nach Tel Aviv ein. Als dieser Transfer 1976 tatsächlich beschlossene Sache war, ging allerdings ein Aufschrei durch die interessierte Wissenschaftsöffentlichkeit. Laqueur musste böse Kritik über sich ergehen lassen. Die *Welt* raunte dramatisch: »Hunderttausend Bücher reisen ab« und insinuierte dubiose, geheime Absprachen, die *Allgemeine Jüdische Wochenzeitung* nannte die Entscheidung »unverständlich« und forderte die Überführung der Bibliothek nach Berlin. Vor allem aber britische Historiker waren empört über den bevorstehenden Verlust einer geschätzten Arbeitsgrundlage. Laqueur konnte mit dem Nachweis ungenügender Finanzen und einer langen Reihe von gescheiterten Verhandlungen über den Verbleib in England kontern.[30] Letztlich mochte auch er sich nicht vom alten Standort trennen. So veranlasste er die zwei Jahre währende Mikroverfilmung des Kernbestandes der Bibliothek sowie sämtlicher Zeitschriftenausschnitte und Originaldokumente. Nach dem erfolgten Beschluss über den Auszug der Originale fanden sich nun plötzlich auch die Geldgeber für die Fortführung der Institutsarbeit in London. Selbst ein (wenn auch kleiner) Teil der Buchbestände konnte nachgekauft werden – ein Londoner Antiquar hatte genau nach dem Bestandskatalog der Wiener Library gesammelt.[31]

So existiert das Institut seit 1980 an zwei Standorten. In Tel Aviv ist die Wiener Library heute als Bestandteil der Universitätsbibliothek (Elias Sourasky Zentralbibliothek) weiterhin dem Programm ihres Namensgebers treu.[32] Zugleich organisiert die Wiener Library in Tel Aviv internationale Veranstaltungen zu zeitgeschichtlichen Themen und dokumentiert antisemitische und neo-faschistische Publikationen und Vorkommnisse in der Gegenwart. In ihren Beständen fanden und finden sich bedeutende Akten zur Erforschung der NS-Zeit, etwa die SD-Akte Carl Schmitts, des »Kronjuristen des Dritten Reiches«.[33]

»Traditions do not travel well« hat Elie Kedourie einmal (allerdings in einem ganz anderen Kontext) bemerkt. Auch »gereiste« Bibliotheken erweisen sich oft als widerständig und sperrig. Nicht zuletzt sind sie deshalb interessant, weil hinter ihnen eigene Traditionen, Intentionen und Ideengewölbe stehen. Für ihre zeitgenössische Adaption sorgen ihre aktuellen Benutzer.

Anmerkungen

Einleitung

1 Zum Aspekt der Proto-Öffentlichkeit: Shmuel Sever, The Melting Pot of Library Traditions. The Case of Israel, in: Journal of Library History 20 (1985), 253–266.

2 Siehe etwa Fred Lerner, The Story of Libraries. From the Inventing of Writing to the Computer Age, New York 1998; du. Die Zeitschrift der Kultur. Themenheft: Gedächtnis der Worte. Von Büchern und Bibliotheken, 58,1 (Januar 1998).

3 Rafael Ball, Sammelstätte des Verstreuten. Wissenschaftliche Bibliotheken in Israel, in: Frankfurter Allgemeine Zeitung, 7. 2. 2001.

4 Manfred Weinberg, Der Büchertrutzkasten. Die Kulturwissenschaftliche Bibliothek Aby Warburgs: Ein Vorbild, in: du, 58,1 (Januar 1998), 35–36 und 82, Zitat: 36. Siehe dazu ausführlich Kap. 5 dieses Bandes.

5 Für literarische Thematisierungen von Bibliotheken und Bibliothekaren siehe auch: Wilhelm Raabe, Deutscher Adel (1880); Günter de Bruyn, Buridans Esel (1968); Agatha Christie, The Body in the Library (1942). Nach: Lexikon der Buchkunst und Bibliophilie, hrsg. von Karl Klaus Walther, München u. a. 1988, 53.

6 Für eine Verknüpfung von Bibliothekszerstörungen und der Theorie des kollektiven Gedächtnisses siehe z. B. Leo Löwenthal, Calibans Erbe. Bücherverbrennungen und kulturelle Verdrängungsmechanismen, in: Aleida und Jan Assmann (Hrsg.), Kanon und Zensur. Archäologie der literarischen Kommunikation II, München 1987, 227–236. Vgl. auch Kap. 6 dieses Bandes.

7 Richard Mummendey, Von Büchern und Bibliotheken, fünfte, durchges. u. erg. Aufl., Darmstadt 1976, 171.

8 Walter Benjamin, Ich packe meine Bibliothek aus. Eine Rede über das Sammeln, in: Ders., Gesammelte Werke, Bd. IV,1, Frankfurt/Main 1980, 388–396, hier 395.

9 Umberto Eco, Wie man eine öffentliche Bibliothek organisiert, in: Ders., Wie man mit einem Lachs verreist und andere nützliche Ratschläge, München 1999, 26–29. Dabei handelt es sich um eine leicht modifizierte Passage aus: Umberto Eco, Die Bibliothek, München 1987.

10 Eco, Die Bibliothek, 12, 38–39; vgl. UNESCO, http://www.unesco.org/webworld/libra-ries/manifestos/libraman.html (Stand 1. 11. 2001).

11 Mathilde Rovelstad, Socialistic Librarianship. Cuius regio eius bibliotheca, in: Journal of Library History 9 (1974), 318–333.

12 Eco, Die Bibliothek, 38.

13 Zu Kafka siehe Kap. 4.

14 Hans Magnus Enzensberger, Das Haus an der Burggasse. Ein Fluchtversuch, in: du, 58,1 (Januar 1998), 16–17.

15 Siehe dazu etwa die Kontroverse darum, das Bibliothekswesen in Palästina/Israel ent-weder nach deutschem oder amerikanischem Vorbild zu organisieren, dazu Kap. 3.

16 Georg Herlitz, Jüdische Gemeindebibliotheken, in: Der Orden Bne Briss, Festschrift zum Ordenstage, o. O. Oktober 1928, 170–173, Zitat: 171. Nach Herlitz wurde die erste jü-dische Gemeindebibliothek im genannten Sinne 1850 in Wien begründet, es folgten Gemeindebibliotheken in Breslau (1861), Prag (1873), Berlin (1902). Seit Beginn des 20. Jahrhunderts erfolgten dann Bibliotheksgründungen in fast allen größeren Gemein-den.

17 Ich danke Barak Dan, Smadar Barak und Doron Rubinstein von der Akademie für Heb-räische Sprache, Jerusalem, für ihre Auskunft bezüglich der Entstehungszeit der beiden Begriffe. Der Ursprung des Wortes »sifrija« wird von manchen Forschern Elieser Ben Jehuda (1858–1922) zugeschrieben. In seinem Wörterbuch der Hebräischen Sprache er-scheint es möglicherweise fälschlich als ein Wort, das bereits vor seiner Zeit verwendet wurde. Ben Jehudas Sohn Ithamar Ben-Avi nahm für sich in Anspruch »Erfinder« des Be-griffs zu sein.

18 An dieser Stelle ein Wort zur Wiedergabe fremdsprachiger Begriffe: Hebräische und jid-dische Substantive und Eigennamen sind der Lesbarkeit und Einheitlichkeit halber der deutschen Großschreibung angepasst; beide Sprachen kennen – wie hier am Beispiel der beiden hebräischen Begriffe für »Bibliothek« in nicht streng wissenschaftlicher Um-schrift nachempfunden wurde – eine Unterscheidung zwischen Groß- und Kleinschrei-bung nicht.

19 Der Titel ist angeregt durch die Zeitschrift *Judaica Librarianship*, die in offensichtlich spielerischem Umgang mit dem Topos vom »Volk des Buches« in loser Folge bestimmte jüdische Bibliotheken unter der Rubrik »Houses of the book«, sowie Bibliothekare als »People of the book« vorstellt.

20 Da es sich hier nicht um eine bibliothekswissenschaftliche Arbeit im engeren Sinne han-delt, können »technische« Fragen nur gestreift werden.

21 Diese Überlegung in Anlehnung an Henri-Cartier Bresson, Der entscheidende Augen-blick (1952): »Für uns Fotografen […] gibt es zweimal Anlaß zu schmerzlichem Verzicht: einmal, wenn wir die Wirklichkeit selbst vor uns im Sucher haben, das andere Mal, wenn

wir uns angesichts der entwickelten und fixierten Bilder von denjenigen trennen müssen, die zwar so wahrheitsgetreu, in ihrer Wirkung aber weniger stark sind.« Zitiert nach: Jens Jäger, Photographie. Bilder der Neuzeit. Einführung in die Historische Bildforschung, Tübingen 2000, 190-191.

22 »Die Photographie erfaßt das Gegebene als ein räumliches (oder zeitliches) Kontinuum, die Gedächtnisbilder bewahren es, insofern es etwas meint.« Siegfried Kracauer: Die Photographie (aus der Frankfurter Zeitung, 28. 10. 1927), in: Ders., Der verbotene Blick, Beobachtungen, Analysen, Kritiken, Leipzig 1992, 185-203, 189; siehe auch Jäger, Photographie, 24.

23 Die Ausstellung wurde im Jahr 2000 konzipiert und in den Räumen des Simon-Dubnow-Instituts Leipzig gezeigt. Aufgrund einiger Nachfragen entstand die Idee zu diesem Buch, das im Vergleich mit der Ausstellung um zusätzliches Bildmaterial erweitert wurde.

24 Der Übergang von der privaten zur öffentlichen Bibliothek war in der jüdischen genauso wie in der allgemeinen Bibliotheksgeschichte verbreitet. Beispiele in diesem Buch sind u. a. die Sammlungen Simon Dubnows, Salman Schockens und Gershom Scholems. Zu jüdischen Privatbibliotheken siehe: Georg Herlitz, Jüdische Privatbibliotheken, in: Der Orden Bne Briss, Festnummer zum Ordenstage, Nr. 10, Oktober 1929, 181-184; Cecil Roth, Famous Jewish Book Collections and Collectors, in: Essays on Jewish Booklore. Articles from the Jewish Book Annual, selected by Philip Goodman, New York 1972, 330-335; Salamon Faber, Selected Private Jewish Library Collections, in: ebd., 336-343.

1 Tradition, Moderne und Migration

1 Dan Miron, A Traveler Disguised. The Rise of Modern Yiddish Fiction in the Nineteenth Century, New York 1996. Mirons Studie behandelt vor allem das Werk Abramowitschs. Zur Doppelung »Mendeles« siehe ebd., insb. Kap. 5, »The Mendele Maze«, 130-168.

2 Für eine literaturgeschichtliche Einordnung Mendeles und der beiden anderen »Klassiker«, Scholem Aleichem und Yitzkhok Leybush Peretz, in Hinblick auf die Weiterentwicklung der jiddischen Literatur siehe Angelika Glau, Jüdisches Selbstverständnis im Wandel. Jiddische Literatur zu Beginn des zwanzigsten Jahrhunderts, Wiesbaden 1999, Einleitung und Kap. II, 9-77.

3 »The first secular books arrived in the Jewish *shtetl* of the Pale of Settlement through book peddlers«. David Shavit, The Emergence of Jewish Public Libraries in Tsarist Russia, in: Journal of Library History 20 (1985), 239-252, Zitat: 240.

4 Mendele Mojcher Sforim, Fischke der Lahme. Bettlerroman. Aus d. Jidd. übers. u. hrsg. von Hubert Witt, Leipzig 1994, 7.

5 Zitiert nach: Hubert Witt, Nachwort, in: Mojcher Sforim, Fischke, 214-236, hier 219.

6 Walter Benjamin, Der Erzähler, in: Ders., Illuminationen. Ausgewählte Schriften 1, Frankfurt/Main 1977, 385–410.

7 Vgl. die Stichworte »Russia« und »Haskalah« in: Encyclopaedia Judaica, Bd. 14, Jerusalem 1971, 434–506 bzw. Bd. 7, Jerusalem 1971, 1433–1452.

8 Das komplexe Gefüge der Interessen von russischer Obrigkeit, der Maskilim und dem Misstrauen der Mehrheit der jüdischen Bevölkerung kann hier nur angedeutet werden. Aus einer Reihe von Studien sei verwiesen auf Eli Lederhendler, The Road to Modern Jewish Politics. Political Tradition and Political Reconstruction in the Jewish Community of Tsarist Russia, New York, Oxford 1989.

9 Vgl. Shmuel Werses, Portrait of the Maskil as a Young Man, in: Shmuel Feiner und David Sorkin (Hrsg.), New Perspektives on the Haskalah, London, Portland/Or. 2001, 128–143.

10 Simon Dubnow, Mein Leben, aus d. Russ. gek. hrsg. von Elias Hurwicz, Berlin 1937, 14–15.

11 Ebd., 2.

12 In Ha'avot vehabanim (Die Väter und die Söhne), auf Hebräisch 1862, auf Russisch 1867 erschienen. Vgl. zum Thema der geheimen Lektüre: Werses, Portrait of the Maskil, 139–143.

13 Miron, Traveler Disguised, 270.

14 Dubnow, Mein Leben, 33–34.

15 Werses, Portrait of the Maskil, 128.

16 Dubnow, Mein Leben, 53.

17 Beispielsweise begann Dubnow zunächst in St. Petersburg eine publizistische Karriere, in der er sich mit dem Judentum, aber auch mit dem Antisemitismus in Europa auseinandersetzte.

18 Shavit, Emergence of Jewish Public Libraries, 240–241 und 247; Miron, Traveler Disguised, 270.

19 Differenziert zu den Motiven der Auswanderung: Michael R. Marrus, Die Unerwünschten. Europäische Flüchtlinge im 20. Jahrhundert, Berlin, Göttingen, Hamburg 1999 (amerikan. Originalausg.: New York 1985), 35–50.

20 Dazu mit unterschiedlicher Gewichtung: Shavit, Emergence of Jewish Public Libraries; Dov Schidorsky, The Origins of Jewish Workers' Libraries in Palestine, 1880–1920, in: Libraries & Culture 23 (1988), 39–60, zum osteuropäischen Hintergrund: 42–45.

21 Shavit, Emergence of Jewish Public Libraries, 241–244; ein weiteres Beispiel bei Schidorsky, Origins of Jewish Workers' Libraries, 44–45; ausführlich zu den Zirkeln: Ezra Mendelsohn, Class Struggle in the Pale. The Formative Years of the Jewish Worker's Movement in Tsarist Russia, London, New York 1970, 27–44.

22 Vgl. Alexander Greguletz, Von der Vereinsbibliothek zur proletarischen Massenbiblio-

thek: Arbeiterbibliotheken zwischen 1890 und 1918, in: Zentralblatt für Bibliothekswesen 99 (1985), 163–166.

23 Shavit, Emergence of Jewish Public Libraries, 244–246; Näheres zu den *Kassy*: Mendelsohn, Class Struggle, passim, und zu Arbeiterbibliotheken in dieser Phase, ebd., 116–125.

24 Shavit, Emergence of Jewish Public Libraries, 246–248.

25 Den Hinweis verdanke ich François Guesnet.

26 Aleksandr Lokshin, The Bund in the Russian-Jewish Historical Landscape, in: Anna Greifman (Hrsg.), Russia under the Last Tsar. Opposition and Subversion, 1894–1917, Oxford, Malden/Mass. 1999, 57–73.

27 Shavit, Emergence of Jewish Public Libraries, 248–250.

28 Dov Schidorsky, The Emergence of Jewish Public Libraries in Nineteenth-Century Palestine, in: Libri 32 (1982), 1–40, hier 36, Anm. 13.

29 Nachfolgend hierzu: Nelson R. Beck, The Use of Library and Educational Facilities by Russian-Jewish Immigrants in New York City, 1880–1914. The Impact of Culture, in: Journal of Library History, 12 (1977), 128–149; Irving Howe, World of Our Fathers, New York 1976, 230–235.

30 Stichwort »New York City/1870–1920«, in: Encyclopaedia Judaica, Bd. 12, Jerusalem 1971, 1075–1105, bes. 1093–94.

31 Als neuere Arbeiten siehe: Daniel Soyer, Jewish Immigrant Associations and American Identity in New York, 1880–1939, Cambridge/Mass., London 1997; Gerald Sorin, A Time for Building. The Third Migration 1880–1920, Baltimore, London 1992.

32 Jew Babes at the Library, Evening Post (New York), 3. Oktober 1903, zitiert nach: Allon Schoener (Hrsg.): Portal to America. The Lower East Side, 1870–1925, New York u. a. 1967, 133–134.

33 Vgl. hierzu die Webseiten: The New York Public Library, http://www.nypl.org/admin/pro/history.html und http://www.nypl.org/branch/man/ag.html (Stand 6. 11. 2001).

34 Anders als ihren Eltern, die Bücher in ihren Heimatsprachen ausleihen konnten, war Kindern seitens der New Yorker Stadtbibliotheken nur die Ausleihe von englischsprachiger Literatur erlaubt. Beck, The Use of Library and Educational Facilities, 142, erklärt dies mit der starken Nachfrage nach den anteilsmässig nur in geringer Zahl vorhandenen russischen und jiddischen Büchern durch die Erwachsenen sowie dem Wunsch der Kinder selbst, vorwiegend Englisch zu lesen.

35 Zitate nach: Jew Babes at the Library, 133–134.

36 Zu dieser Diskussion siehe Beck, Use of Library and Educational Facilities, passim.

37 Howe, World of Our Fathers, 230.

38 Die Aguilar Free Library Society führte mehrere ihrer Bibliotheksbestände zur 1886 gegründeten Aguilar Library zusammen, um Zuschüsse der Stadt in Anspruch nehmen zu können. Nachdem die Mindestanforderungen an Bestand und Zirkulation erfüllt werden

konnten, erhielt der Verein neben privaten Spenden im Jahr 1900 bereits 35 000 $ an städtischer Unterstützung. Der Bestand der für Juden und Nichtjuden zugänglichen Bibliothek belief sich zu dieser Zeit auf über 76 000 Bände bei mehr als 672 000 Ausleihen im Jahr. Angaben nach: Beck, Use of Library and Educational Facilities, 138.

39 So wurden zwischen 1906 und 1917 neun Schulungsprogramme der Educational Alliance von den öffentlichen Schulen New Yorks übernommen; Selma Berrol, East Side/East End. Eastern European Jews in London and New York, 1870-1920, Westport/Con., London 1994, 42.

40 Ebd.

41 Eintrag »Leipziger, Henry M.«, in: Encyclopaedia Judaica, Bd. 10, Jerusalem 1971, 1592-1593.

42 Howe, World of Our Fathers, 230.

43 David Kaufman, Shul with a Pool. The »Synagogue-Center« in American Jewish History, Hanover/NH, London 1999, Kap. 3, 89-127, hier 104.

44 Für Immigranten, die zu alt waren um Englisch zu lernen, wurden Bücher über die Gesetze und die Geschichte der Vereinigten Staaten in den jeweiligen Muttersprachen angeschafft. Kinder, die schon des Englischen mächtig waren, übersetzten englische Bücher für ihre Eltern ins Jiddische. Hierzu: Beck, Use of Library and Educational Facilities, 141.

45 Beide Zitate nach: Howe, World of Our Fathers, 234 bzw. 234-235.

46 Pawel Korzec, Polen und der Minderheitenschutzvertrag 1919-1934, in: Jahrbücher für Geschichte Osteuropas, N. F. 22 (1975), 515-555.

47 Die Situation in Polen kann hier nur in Umrissen gezeichnet werden. Ausführlich: Ezra Mendelsohn, The Jews of East Central Europe Between the World Wars, Bloomington, und Indianapolis 1983, 11-83.

48 Stichwort »Poland«, in: Encyclopaedia Judaica, Bd. 13, Jerusalem 1971, 709-789, hier 751.

49 David Shavit, Hunger for the Printed Word. Books and Libraries in the Jewish Ghettos of Nazi-occupied Europe, Jefferson/NC, London 1997, Kap. 1, 3-40, hier 11.

50 Zum »Bund« jetzt umfassend: Gertrud Pickhan, »Gegen den Strom«. Der Allgemeine Jüdische Arbeiterbund »Bund« in Polen 1918-1939 (Schriften des Simon-Dubnow-Instituts 1), Stuttgart, München 2001.

51 Zitiert und von mir ins Deutsche übersetzt nach: David Shavit, Hunger for the Printed Word, 5-6.

52 Ebd., 9.

53 Ebd., 16.

54 Ebd., 30.

55 Ebd., 10.

56 Pickhan, »Gegen den Strom«, 230–235; Shavit, Hunger for the Printed Word, 22–25, 30–31.

57 Zitiert bei Pickhan, Gegen den Strom, 234, Anm. 218.

58 Vgl. Stichwort »Vilna«, in: Enzyclopaedia Judaica, Bd. 16, Jerusalem 1971, 138–151.

59 Shavit, Hunger for the Printed Word, 28.

60 Unabhängig von der Sprache wurden die Möglichkeiten, die eigene Geschichte zu erforschen, als unzureichend angesehen. So klagten polnisch-jüdische Historiker, sie müssten die Erforschung der osteuropäisch-jüdischen Geschichte aufgeben, sollten sie nur aus jüdischen Archiven schöpfen können. Diese existierten praktisch nicht, und so war man auf polnische Archive und Bibliotheken angewiesen, die wiederum kein jüdisches Material sammelten. Arthur Eisenbach, Jewish Historiography in Interwar Poland, in: Yisrael Gutman u. a. (Hrsg.): The Jews of Poland Between Two World Wars, Hanover/NH, London 1989, 453–493, insb. 455. Bei den polnisch-jüdischen Historikern handelte es sich keineswegs um Berufshistoriker, sondern diese waren auf ein Einkommen durch Arbeit in weiterführenden Schulen, Verlagen oder Bibliotheken angewiesen, ebd., 461.

61 Vgl. Stefan Schreiner, »Wissenschaft auf Jiddisch«. Eine Erinnerung an die Gründung des *Yidisher Visnshaftlekher Institut* (YIVO) vor 75 Jahren, in: Wissenschaft des Ostjudentums. Eine Ausstellung zum 75. Geburtstag des Yidisher Visnshaftlekher Institut (YIVO), Tübingen, Vilnius 2000, 5–21; Lucjan Dobroszycki, YIVO in Interwar Poland. Work in the Historical Sciences, in: The Jews of Poland, 494–518; Esfir Bramson-Alpernienė, Yivo in Wilna. Zur Geschichte des »Jüdischen Wissenschaftlichen Instituts«, aus d. Jidd. von Hubert Witt, hrsg. vom Simon-Dubnow-Institut, Baalsdorf 1997.

62 Vgl. Schreiner, »Wissenschaft auf Jiddisch«, 7.

63 Zitiert nach: Ebd. 21.

64 Friedrich Niewöhner, Die Rückkehr aus der fremden Sprache. Die vergessene Geschichte des Jüdischen Wissenschaftlichen Instituts in Wilna, in: Frankfurter Allgemeine Zeitung, 18. April 2001.

65 Lucy S. Dawidowicz, From that Place and Time. A Memoir 1938–1947, New York 1991, zitiert nach der Übersetzung in: Schreiner, »Wissenschaft auf Jiddisch«, 29.

66 Bramson-Alpernienė, Yivo in Wilna, 11.

67 Der Film »Image Before my Eyes« (YIVO, New York 1980) zeigt in einer Szene eine große Menge begeisterter Menschen bei der Grundsteinlegung.

68 Bramson-Alpernienė, Yivo in Wilna, 13.

69 So schrieb die Kommission für Jugendforschung des YIVO einen Tagebuch-Wettbewerb aus. Die eingesandten Kindertagebücher stellen heute ihrerseits eine Quelle für das Leseverhalten dar, siehe die Auswertung in Desanka Schwara, »Ojfn weg schtejt a bojim«. Jüdische Kindheit und Jugend in Galizien, Kongreßpolen und Rußland 1881–1939, Köln, Weimar, Wien 1999, 87–228.

70 Stichwort »Strashun, Mathias«, in: Encyclopaedia Judaica, Bd. 15, Jerusalem 1971, 426–427; Shavit, Hunger for the Printed Word, 25–27.

71 Dawidowicz, From that Place and Time, 119.

2 Die Welt der Genisa

1 Stichwort »Genisa«, in: Encyclopaedia Judaica, Bd. 7, Berlin 1931, 250–255.

2 Siehe dazu das unten zitierte Buch von Ammiel Alcalay.

3 Die folgende Darstellung verdankt sich dem Buch des gegenwärtigen Leiters der Genisa-Sammlung der Universitätsbibliothek Cambridge, Stefan C. Reif, A Jewish Archive from Old Cairo. The History of Cambridge University's Genizah Collection, Richmond 2000.

4 Zu Schechters Biographie ebd., 47–54, zum Hintergrund der hebräischen Studien in Cambridge ebd., 23–46.

5 Abdruck des Briefes ebd., 75. Für Abbildungen von Schechters Brief und einiger Genisa-Dokumente, sowie weitere Informationen siehe auch die Webseite der Cambridge University Library, http://www.lib.cam.ac.uk/Taylor-Schechter/GOLD/ (Stand 23. 10. 2001)

6 Reif, A Jewish Archive, 70–91.

7 Zitiert nach: ebd., 81f. Zur Geschichte der Erforschung des Materials vgl. im Folgenden ebd., Kap. 5–10, und passim.

8 Zu Goiteins Biographie siehe das Vorwort von Abraham L. I. Udovitch in: Shlomo Dov Goitein, A Mediterranean Society. The Jewish Communities of the Arab World as Portrayed in the Documents of the Cairo Geniza, Bd. 5, Berkley, Los Angeles, London 1988, ix-xviii; Jüdisches Lexikon, Berlin 1927, Nachdruck Frankfurt/Main 1987, Bd. 2, 1180; Gershom Scholem, Von Berlin nach Jerusalem. Jugenderinnerungen. Aus d. Hebr. von Michael Brocke und Andrea Schatz, Frankfurt/Main 1997, 194 und 199–200.

9 Paraphrasiert zitiert nach: Reif, A Jewish Archive, 181. Dem liegen folgende Dokumente aus der University Library Cambridge zugrunde: T-S 20.160, T-S 13J18.8, T-S K25.205, T-S 12.608.

10 Shlomo Dov Goitein, A Mediterranean Society, 5 Bde. (plus Index), Berkley, Los Angeles, London 1967–1993; als frühe, aus den Genisa-Dokumenten gearbeitete Studie zum muslimisch-jüdischen Verhältnis siehe: Ders., Jews and Arabs: Their Contacts through the Ages, London u. a. 1955.

11 Goitein, Mediterranean Society, Bd. 2, Berkley, Los Angeles, London 1971, Preface, vii-ix, Zitat ix.

12 Ammiel Alcalay, After Jews and Arabs. Remaking Levantine Culture, Minneapolis, London 1993, insb. 128–143. Alcalay, ebd., 131: »In reading Goitein one suspects that in addition to being a scholary endeavor, his work paid secret and tender homage to the many

Levantine and Arab Jews that he encountered, people forming the last intact generation of a disappearing world.«

13 Genizah – Hidden Legacies of the German Village Jews/Genisa – Verborgenes Erbe der deutschen Landjuden. Eine Ausstellung von The Hidden Legacy Foundation, (zweisprachiger) Katalog, hrsg. von Falk Wiesemann, Wien 1992. Darin ausführlich: Falk Wiesemann, »Verborgene Zeugnisse« der deutschen Landjuden. Eine Einführung in die Ausstellung, 15–31.

14 Zitiert nach: Wiesemann, »Verborgene Zeugnisse«, 18.

15 http://www.pkc-freudental.de/genisa/genisa.htm (Stand 22.10.2001). Siehe auf diesen Webseiten auch einige Abbildungen der gefundenen Texte.

16 Für eine Auswertung der Funde vgl. Martin Przybilski, Zu einigen jiddischen Fragmenten aus der Veitshöchheimer Genisa, in: Ashkenas 11 (2001), 233–238. Dort auch weitere Literatur.

3 Im Lande Israel

1 Den Aspekt des Schmelztiegels betont Shmuel Sever, The Melting Pot of Library Traditions. The Case of Israel, in: Journal of Library History 20 (1985), 253–266.

2 Heinrich Loewe, Jüdisches Bibliothekswesen im Lande Israel, Jerusalem 1922; Dov Schidorsky, Germany in the Holy Land. Its Involvement and Impact on Library Development in Palestine and Israel, in: Libri 49 (1999), 26–42, zieht für seine Darstellung zu Loewe, ebd. 30–32, dessen frühere Aufsätze heran. So ergibt sich eine Ergänzung zu denjenigen Arbeiten Loewes, die im vorliegenden Kapitel herangezogen werden.

3 Schidorsky, Germany in the Holy Land, 30, 32. Wie sehr das Modell Posen zionistische Kolonisationsmethoden beeinflusst hat, zeigt unter anderem Zvi Shilony, Ideology and Settlement. The Jewish National Fund, 1897–1914, Jerusalem 1998.

4 Hiermit lässt sich auch die von Loewe initiierte Buchsammelstelle für Palästina in Zusammenhang bringen, siehe unten und ausführlich Kap. 4.

5 Loewe, Jüdisches Bibliothekswesen, 15.

6 Jüdische Kulturarbeit. Der jüdische Kulturfonds Kedem, Berlin [1914], 13 und 14 (Hervorh. des Originals nicht übernommen). Die kurzlebige, 1913 in London als »Jüdischer Kulturfonds Kedem, Limited« (Kedem Keren Hatarbuth Haiwrit) eingetragene Gesellschaft sah ihre Aufgabe in einer aktiven nationalen Kulturpolitik – in bewusster Analogie zum Jüdischen Nationalfonds, dessen Aufgabe vor allem im Ankauf von Land bestand.

7 Loewe, Jüdisches Bibliothekswesen, 11.

8 Ebd., 17.

9 Michel Foucault, Andere Räume, in: Aisthesis. Wahrnehmung heute oder Perspektiven

einer anderen Ästhetik. Essais, hrsg. von Karlheinz Barck, Leipzig 1990, 34–46, hier 43. »Heterotopien« sind für Foucault »wirkliche Orte, wirksame Orte [...], tatsächlich realisierte Utopien, in denen die wirklichen Plätze innerhalb der Kultur gleichzeitig repräsentiert, bestritten und gewendet sind«, ebd. 39.

10 Loewe, Jüdisches Bibliothekswesen, 10 und 11. Eine jüdische kulturelle Vorreiterrolle, die gleichwohl allen Nachbarn zugute kommen sollte, hatte auch der Kulturfonds Kedem betont: »Museen und Archive, Bibliotheken und Hochschulen werden da sein müssen, wenn das Volk weiter wächst und nicht in der Unkultur des Orients versinken, sondern mit dem Banner der Kultur und Bildung den stamm- und glaubensverwandten orientalischen Völkern voranleuchten soll.« Jüdische Kulturarbeit, 11.

11 Loewe, Jüdisches Bibliothekswesen, 33 und 34.

12 Ebd., 19.

13 Ebd., 13: »Wir wollen ja ein Volk aufwachsen lassen, auf der Grundlage jüdischer Landarbeit.«

14 So die Sammlung Ragib al-Khalidis und die Khalil-Bibliothek in Jerusalem, die je mehrere tausend arabische (und anderssprachige) Texte aufwiesen. Hierzu ausführlich: Dov Schidorsky, Libraries in Late Ottoman Palestine between the Orient and the Occident, in: Library & Culture 33 (1988), 260–276, 262–263.

15 Ebd., 268–271; ausführlich Schidorsky, Emergence of Jewish Public Libraries; Sever, The Melting Pot of Library Traditions, 254–255.

16 Als der jüdische Palästinaforscher Abraham Moses Luncz 1876 einen Jerusalem-Führer – das erste Werk dieser Art in Hebräisch – verfasste und für seine Recherchen die Bibliotheken verschiedener christlicher Institutionen in Jerusalem benutzte, galt dies als revolutionärer Schritt. Eintrag »Luncz«, in: Encyclopaedia Judaica, Bd. 11, Jerusalem 1971, 564–565.

17 Nicht zuletzt gegen die Dominanz der christlichen Archäologie und Geographie Palästinas wandte sich Loewe. Die Palästinaliteratur müsse »in der Jerusalemer Bibliothek als das wichtigste Feld ausgebaut« werden. Loewe, Jüdisches Bibliothekswesen, 35.

18 Helmut Hilz, Israels wissenschaftliches Bibliothekswesen – Geschichte und Gegenwart. Ein Beitrag zur IFLA-Konferenz in Jerusalem, in: Zeitschrift für Bibliothekswesen und Bibliographie 47 (2000), 255–269, 256. Ausführlich zur Königlichen Bibliothek: Schidorsky, Germany in the Holy Land, 27–30.

19 Die quellen- und abbildungsreichste Dokumentation ist der Ausstellungskatalog: A Century of Books. The Jewish National and University Library. Centennial Anniversary Exhibition, Autor des Kataloges: Zvi Baras, hrsg. von der JNUL, Jerusalem 1992. Hieraus, wenn nicht anders vermerkt, nachfolgend wesentliche Details zur Entstehungsgeschichte der JNUB.

20 Loewe, Jüdisches Bibliothekswesen, 19–31; Walther Gottschalk, Die jüdische National-

und Universitätsbibliothek in Jerusalem, in: Zentralblatt für Bibliothekswesen 43 (Mai bis Juni 1926), 556–563, hier 558; Hugo Bergmann, Die jüdische National-Bibliothek, in: Soncino-Blätter, 2. Bd., Berlin 1927, 81–84.

21 Schidorsky, The Emergence of Jewish Public Libraries, 39–40, Anm. 60.

22 B'nai B'rith förderte auch an vielen anderen Orten unter anderem das jüdische Bibliothekswesen. Zur Geschichte des Ordens in Deutschland vgl. Andreas Reinke, »Eine Sammlung des jüdischen Bürgertums«. Der Unabhängige Orden B'nai B'rith in Deutschland, in: Andreas Gotzmann u. a. (Hrsg.), Juden, Bürger, Deutsche, Tübingen 2001 (Schriftenreihe wissenschaftlicher Abhandlungen des Leo-Baeck-Instituts 63), 315–340.

23 Neben der genannten Literatur ausführlich zur Entwicklung ab der Jahrhundertwende auch: Heinrich Loewe, Der Aufbau der Jerusalem-Bibliothek, in: Soncino-Blätter, 2. Bd., Berlin 1927, 85–96.

24 Loewe, Jüdisches Bibliothekswesen, 23–26.

25 Loewe, Der Aufbau der Jerusalem-Bibliothek, 93, ausführliche Übersicht über die Schenkungen ebd., 90–92.

26 Gottschalk, Die jüdische National- und Universitätsbibliothek, 558.

27 Schidorsky, Germany in the Holy Land, 33.

28 A Century of Books, 48.

29 Scholem, Von Berlin nach Jerusalem, 214–215.

30 Schidorsky, Origins of Jewish Workers' Libraries, insbes. 45–49 und 55–56.

31 Ebd.

32 Sever, The Melting Pot of Library Traditions, 256.

33 Loewe, Jüdisches Bibliothekswesen 29–30. Ausführlich Dov Schidorsky, The Municipal Libraries of Tel Aviv during the British Mandate, 1920–1948, in: Libraries & Culture 31 (1996), 540–556.

34 Schidorsky, Germany in the Holy Land, 32, 34.

35 Sever, The Melting Pot of Library Traditions, 257–258.

36 Vgl. hierzu Gottschalk, Die jüdische National- und Universitätsbibliothek, 562–563.

37 Kurt Jacob Ball-Kaduri, Jüdisches Leben einst und jetzt, München 1961, 91, zitiert nach: Robert Jütte, Die Emigration der deutschsprachigen »Wissenschaft des Judentums«. Die Auswanderung jüdischer Historiker nach Palästina 1933–1945, Stuttgart 1991, 84.

4 Urbane Lesewelten: Berlin

1 Zitiert nach: Karl Schlögel, Berlin Ostbahnhof Europas. Russen und Deutsche in ihrem Jahrhundert, Berlin 1998, 221. Ausführlich zu Dubnows Berliner Zeit: ebd., 218–233.

2 Dubnow notierte in sein Tagebuch: »Berlin ist der einzige Platz in der Welt, wo ich mein

literarisches Schaffen in wenigen Jahren vollenden kann.« Zitiert nach: Michael Brenner, Zwischen Ost und West: Berlin als Zentrum jüdischer Kultur in der Weimarer Republik, in: Jüdische Geschichte in Berlin. Essays und Studien, hrsg. von Reinhard Rürup, Berlin 1995, 197–214, Zitat 210.

3 Über die Nachwirkung der Stereotypen zum Scheunenviertel siehe Joachim Schlör, Literatur zum Scheunenviertel, in: Berliner Lesezeichen. Literaturzeitung 3,1 (Oktober 1995), 21–24.

4 Ausführlich hierzu: Gabriel E. Alexander, Die jüdische Bevölkerung Berlins in den ersten Jahrzehnten des 20. Jahrhunderts: Demographische und wirtschaftliche Entwicklungen, in: Jüdische Geschichte in Berlin, 117–148.

5 Erwin Marks, Jüdische Bibliotheken in Berlin, in: Zentralblatt für Bibliothekswesen 102 (1988), 345–349; Uta Büchner, Die jüdischen Bibliotheken Berlins in der Zeit der Shoah. 1933 bis 1945, unveröff. Magisterarbeit, Humboldt-Universität, Philosophische Fakultät I, Institut für Bibliothekswissenschaften, Berlin 1998. Dort auch Näheres zu weiteren, hier nicht behandelten Bibliotheken. Ich danke Uta Esther Büchner-Hadad (Berlin) für die freundliche Übersendung ihrer Magisterarbeit.

6 Lehranstalt für die Wissenschaft des Judentums. Festschrift zur Einweihung des eigenen Heims, Berlin am 22. Oktober 1907, Berlin 1907, darin I. Elbogen: Die Hochschule, ihre Entstehung und Entwicklung, 1–98, hier 4.

7 Herbert A. Strauss, Die letzten Jahre der Hochschule (Lehranstalt) für die Wissenschaft des Judentums, Berlin: 1936–1942, in: Julius Carlebach (Hrsg.), Wissenschaft des Judentums: Anfänge der Judaistik in Europa, Darmstadt 1992, 36–58, Zitat: 39.

8 Fünfundvierzigster Bericht der Hochschule für die Wissenschaft des Judentums in Berlin, Berlin 1928, 10; Fünfzigster Bericht der Lehranstalt für die Wissenschaft des Judentums in Berlin, Berlin 1936, 6.

9 Franz Kafka, Gesammelte Werke, hrsg. von Max Brod, Bd. 8: Briefe 1902–1924, Frankfurt/Main 1975, 470. Der Brief war an Robert Klopstock gerichtet.

10 Büchner, Die jüdischen Bibliotheken Berlins, 20, 21; Fünfzigster Bericht (1936), 7.

11 Mordechai Breuer, Jüdische Orthodoxie im Deutschen Reich 1871–1918. Die Sozialgeschichte einer religiösen Minderheit, Frankfurt/Main 1986, bes. 120–133.

12 Vgl. z. B. den Jahres-Bericht des Rabbiner-Seminars zu Berlin für 1925, 1926, 1927 (5686 bis 5688), erstattet vom Kuratorium, Berlin 1928, 13–33.

13 Vgl. Uwe Jochum, Kleine Bibliotheksgeschichte, Stuttgart 1999, 156–162; Marks, Jüdische Bibliotheken in Berlin, 346.

14 Jüdische Lesehalle und Bibliothek Berlin. Rückblick auf das erste Jahrzehnt der Lesehalle 1895–1905, Berlin 1905, 9, bzw.: Jüdische Lesehalle und Bibliothek. Bericht für das Jahr 1910, Berlin 1910, 7. Die nachfolgenden statistischen Angaben nach dieser Broschüre.

15 Von den 1910 abonnierten 85 jüdischen Zeitschriften und Zeitungen waren 36 in deutscher, 7 in englischer, 14 in hebräischer, 14 in jiddischer, 1 in spanischer, 3 in französischer, 2 in russischer, 4 in polnischer, 2 in rumänischer und 2 in ungarischer Sprache.

16 Scholem, Von Berlin nach Jerusalem, 40-41.

17 Stichwort »Zionism«, in: Encyclopaedia Judaica, Bd. 16, Jerusalem 1971, 1031-1162, hier 1116.

18 Heinrich Loewe, Jüdisches Bibliothekswesen, Jerusalem 1922, 23, 25, 31.

19 Robert Jütte, Die Emigration der deutschsprachigen »Wissenschaft des Judentums«. Die Auswanderung jüdischer Historiker nach Palästina 1933-1945, Stuttgart 1991, dort zu Archiven und Archivaren 89-100, Zitat 89. Siehe auch: ebd., 94: »Bezeichnend für den großen, ja überragenden Einfluß deutsch-jüdischer Emigranten auf das israelische Archivwesen ist weiterhin die Tatsache, daß das Zionistische Zentralarchiv bis heute nur Direktoren gehabt hat, die in Deutschland geboren wurden.« Das Zentralarchiv für die Geschichte der Juden, Jerusalem, wurde von Joseph Meisl, der bis 1934 Leiter der jüdischen Gemeindebibliothek Berlin war, aufgebaut, ebd., 95-97.

20 Dem aktuellen, emailgestützten Bibliographierservice dieser Einrichtung verdankt die vorliegende Publikation wichtige Literaturhinweise. Zu den Bibliothekaren siehe: Jütte, Die Emigration der deutschsprachigen »Wissenschaft des Judentums«, 100-103; sowie die hierzu in Kap. 4 zitierte Literatur.

21 Die folgende Darstellung fußt auf Hans Reichmann, Der drohende Sturm, in: Hans Tramer (Hrsg.), In zwei Welten: Siegfried Moses zum fünfundsiebzigsten Geburtstag, Tel Aviv 1966, 556-577; Arnold Paucker, Der jüdische Abwehrkampf gegen Antisemitismus und Nationalsozialismus in den letzten Jahren der Weimarer Republik, 2. verb. Aufl., Hamburg 1969, 110-128; Ben Barkow, Alfred Wiener and the Making of the Holocaust Library, London, Portland/OR. 1997, 51-64. Zur Arbeit des C.V. insgesamt siehe als Beispiel aus der umfangreichen Literatur: Arnold Paucker, Das Berliner liberale jüdische Bürgertum im »Centralverein deutscher Staatsbürger jüdischen Glaubens«, in: Jüdische Geschichte in Berlin, 215-228.

22 Paucker, Das Berliner liberale jüdische Bürgertum, 225.

23 Zur Biographie ausführlich: Barkow, Alfred Wiener and the Making of the Holocaust Library.

24 Reichmann, Der drohende Sturm, 573.

25 »Conceptually at least, the Wiener Library had its origin not in Amsterdam in the mid-1930s, but in Berlin in the late 1920s.« Barkow, Alfred Wiener and the Making of the Holocaust Library, 55.

5 Bibliophilie als Selbstbehauptung

1 Max Warburg anlässlich einer Gedenkfeier für seinen Bruder Aby Warburg, zitiert nach: Bernd Roeck, Der junge Aby Warburg, München 1997, 30–31. Ausführlich: Ernst H. Gombrich, Aby Warburg. Eine intellektuelle Biographie, Frankfurt/Main 1992, hier 38.

2 Fritz Homeyer, Deutsche Juden als Bibliophilen und Antiquare (Schriftenreihe wissenschaftlicher Abhandlungen des Leo Baeck Instituts 10), Tübingen 1963, 21, Anm. 4.

3 Aby Moritz Warburg, Sandro Botticellis »Geburt der Venus« und »Frühling«. Eine Untersuchung über die Vorstellungen von der Antike in der italienischen Frührenaissance, Phil. Diss. Univ. Straßburg 1892. Zur Ikonologie Warburgs vgl. Peter Schmidt, Aby M. Warburg und die Ikonologie (Gratia 20), Wiesbaden ²1993.

4 Fritz Saxl, Die Geschichte der Bibliothek Warburgs (1886–1944), in: Ernst H. Gombrich, Aby Warburg. Eine intellektuelle Biographie. Frankfurt/Main 1981 (engl. Originalausg. 1970), 433–450, hier 434.

5 Vgl. auch die Zeitschrift du, 58,1 (Januar 1998) zum Thema: »Das Gedächtnis der Worte. Von Büchern und Bibliotheken«. Darin bes. der Beitrag von Manfred Weinberg, Der Büchertrutzkasten. Die Kulturwissenschaftliche Bibliothek Aby Warburgs: Ein Vorbild, 35–36, 82.

6 Zitiert nach: Roeck, Der junge Aby Warburg, 31.

7 Zu Aufbau und geistigem Hintergrund der Bibliothek siehe auch: Ulrich Raulff, Von der Privatbibliothek des Gelehrten zum Forschungsinstitut. Aby Warburg, Ernst Cassirer und die neue Kulturwissenschaft, in: Geschichte und Gesellschaft 23 (1997), 28–41.

8 »Technische« Aspekte nach: Tilmann von Stockhausen, Die Kulturwissenschaftliche Bibliothek Warburg. Architektur, Einrichtung und Organisation, Hamburg 1992; Raulff, Von der Privatbibliothek des Gelehrten zum Forschungsinstitut, 39. Zusammenfassende Information auch unter: http://www.warburg-haus.hamburg.de/texte/infos.html. Max Warburg notierte einmal, Aby habe derart viele Bücher besessen, »dass sie bis ins Klosett gingen«, zitiert nach: Roeck, Der junge Aby Warburg, 31.

9 Saxl, Die Geschichte der Bibliothek Warburgs, 440. Zur Wirkung der Bibliothek auch: Raymond Klibansky, Erinnerungen an ein Jahrhundert. Gespräche mit Georges Leroux, Frankfurt/Main, Leipzig 2001 (franz. Originalausg. Paris 1998), 45–49.

10 Raulff, Von der Privatbibliothek des Gelehrten zum Forschungsinstitut, 31, 33–34; von Stockhausen, Die Kulturwissenschaftliche Bibliothek Warburg, 20–22.

11 Saxl hat Warburgs »Desinteresse am Technischen des Bibliothekswesens« bisweilen zur Verzweiflung getrieben, vgl. Saxl, Die Geschichte der Bibliothek Warburgs, 438, dennoch hat er den Aufbau der Bibliothek in kongenialer Weise betrieben.

12 Ausführlich zur Architektur und zur Organisation die entsprechenden Kapitel bei: von Stockhausen, Die Kulturwissenschaftliche Bibliothek Warburg.

13 Gershom Scholem, Von Berlin nach Jerusalem, 162. Zum Zusammenhang ebd., 161–162. Nach eigener Aussage pflegte Scholem »die drei Gruppen um die Bibliothek Warburg, um das Institut für Sozialforschung von Max Horkheimer und die metaphysischen Magier um Oskar Goldberg als die drei bemerkenswertesten ›Jüdischen Sekten‹ zu definieren, die das deutsche Judentum hervorgebracht hat. Nicht alle haben es gern gehört.« Ebd., 162.

14 Charlotte Schoell-Glass, Aby Warburg und der Antisemitismus. Kulturwissenschaft als Geistespolitik, Frankfurt/Main 1998, 21.

15 Ebd., 19.

16 Roeck, Der junge Aby Warburg, 71–75; von Stockhausen, Die Kulturwissenschaftliche Bibliothek Warburg, 25; Schoell-Glass, Aby Warburg und der Antisemitismus, 244, vgl. dort auch die Briefe Warburgs im Anhang.

17 Dazu Schoell-Glass, Aby Warburg und der Antisemitismus, 17: »Diese Spur führt ins Herz des Unternehmens ›Kulturwissenschaftliche Bibliothek Warburg‹: Die von Warburg intendierte Kulturwissenschaft als Netz richtig formulierter Fragen sucht die Antwort auf eine nicht formulierte Frage: Was ist die Ursache des Judenhasses?«

18 Schoell-Glass, Aby Warburg und der Antisemitismus, 24: »Und zugleich rechnete man im ›Büchertrutzkasten‹ auch mit den Atavismen der Gegenwart, denen durch Aufklärung zu begegnen war, weshalb man von den neu einzuführenden Besuchern bisweilen als ›Patienten‹ sprach.«

19 Raulff, Von der Privatbibliothek des Gelehrten, 43.

20 Homeyer, Deutsche Juden als Bibliophilen und Antiquare, passim.

21 Soncino-Nachrichten, Beilage zu den Soncino-Blättern, Bd. 1, Berlin 1925–1926; Abraham Horodisch, Ein Abenteuer im Geiste. Die Soncino-Gesellschaft der Freunde des jüdischen Buches, in: Bibliotheca Docet. Festgabe für Carl Wehmer, Amsterdam 1963, 181 bis 208; Homeyer, Deutsche Juden als Bibliophilen und Antiquare, 67–69, 128–134.

22 Soncino-Nachrichten, Beilage zu den Soncino-Blättern, Bd. 1, 1.

23 Für einige Beiträge aus den Soncino-Blättern siehe die Bibliographie des vorliegenden Bandes.

24 Jewish Virtual Library, Judaic Treasures of the Library of Congress. The Berlin Humash, 25. 9. 2001, http://www.us-israel.org/jsource/loc/Berlin.html (Stand 25. 9. 2001).

25 Die Wiederentdeckung Salman Schockens ist vor allem Volker Dahm zu verdanken, vgl. Volker Dahm, Das jüdische Buch im Dritten Reich, 2. überarb. Aufl., München 1993 (erste Aufl. in zwei Teilen Frankfurt/Main 1979 bzw. 1981). Die nachfolgende Darstellung basiert auf: Volker Dahm, Salman Schocken, in: Der Schocken Verlag/Berlin. Jüdische Selbstbehauptung in Deutschland 1931–1938. Essayband zur Ausstellung »Dem su-

chenden Leser unserer Tage« der Nationalbibliothek Luxemburg, hrsg. von Saskia
Schreuder und Claude Weber in Verbindung mit Silke Schaeper und Frank Grunert, Berlin 1994, 15–38.

26 Silke Schaeper, Bibliophilie als kultureller Auftrag. Die Geschichte der Schocken Bibliothek bis 1939, in: Der Schocken Verlag/Berlin, 347–359; Dies., »Goldadern wertvollen jüdischen Lebens«. Salman Schocken und seine Hebraica-Sammlung, in: Jüdischer Almanach 1995 des Leo Baeck Instituts, hrsg. von Jakob Hessing, Frankfurt/Main, 1994, 121–135.

27 Tilo Richter, Erich Mendelsohns Kaufhaus Schocken. Jüdische Kulturgeschichte in Chemnitz, Leipzig 1998.

28 Dahm, Salman Schocken, 20.

29 Ebd., 18.

30 Schaeper, Die Geschichte der Schocken Bibliothek, 350–351.

31 Scholem, Von Berlin nach Jerusalem, 120.

32 Vgl. Wilfried Barner, Jüdische Goethe-Verehrung vor 1933, in: Stéphane Moses, Albrecht Söhne (Hrsg.), Juden in der deutschen Literatur. Ein deutsch-israelisches Symposion, Frankfurt/Main 1986, 127–151.

33 Dahm, Salman Schocken, 20–21, Zitat: 22.

34 Dazu ausführlich Ariel Hirschfeld, Schocken und Agnon – Münz und Masal, in: Der Schocken Verlag/Berlin, 191–200.

35 Dahm, Salman Schocken, 24.

36 Reif, A Jewish Archive from Old Cairo, 243–244; Peter S. Lehnardt, Das Forschungsinstitut für hebräische Dichtung und sein Beitrag zur Kenntnis der hebräischen Dichtung des Mittelalters, in: Der Schocken Verlag/Berlin, 299–320.

37 Ausführlich: Claude Weber, »Halt und Richte«. Zur Programmatik des Schocken Verlags, in: Der Schocken Verlag/Berlin, 39–54, Zitate: 46, 53. Weber spricht von der Verlagsarbeit als »*Résistance* des Judentums«: »Kein anderer Verlag hat es so fertiggebracht, dem ganzen Spektrum der Strömungen und Traditionen im Judentum das Wort zu geben, um sie zu einem einzigen Zeugnis der Selbstbehauptung zu bündeln.« Ebd., 47.

38 Jütte, Die Emigration der deutschsprachigen »Wissenschaft des Judentums«, 101.

39 Dahm, Das jüdische Buch im Dritten Reich, 357–358, Zitat: 358.

6 Vor und während der Katastrophe

1 Die Zeilen stammen aus Heines Drama »Almansor. Eine Tragödie« (1821), in dem es um die Reconquista geht. Im Gedicht folgt der zitierte Ausruf auf die Nachricht über die Verbrennung des Korans. Für historische und literarische Reflexionen siehe zum Beispiel auch die Beiträge in der Zeitschrift du, 58, 1 (Januar 1998): Luciano Canfora, Göttliche Flammenmeere. Die Geschichte einer Bücherverbrennung, 56–58, und Max Grosse: Die Rache der Bücher. Von der Unlesbarkeit der Welt, 66–67, 82; Löwenthal, Calibans Erben, 227–236.

2 Grundlegend für die nachfolgende Darstellung: Philip Friedman, The Fate of the Jewish Book during the Nazi Era, in: Essays on Jewish Booklore, Articles from the Jewish Book Annal selected by Philip Goodman, New York 1972, 112–122; Dov Schidorsky, Das Schicksal jüdischer Bibliotheken im Dritten Reich, in: Peter Vodosek und Manfred Komorowski (Hrsg.), Bibliotheken während des Nationalsozialismus, Teil 2 (Wolfenbütteler Schriften zur Geschichte des Buchwesens 16), Wiesbaden 1992, 189–222. Siehe auch: Manfred Komorowski, Die wissenschaftlichen Bibliotheken während des Nationalsozialismus, in: Bibliotheken während des Nationalsozialismus, Teil 1, Wiesbaden 1989, 1–23.

3 Alwin Müller-Jerina, Zwischen Ausgrenzung und Vernichtung. Jüdische Bibliothekare im Dritten Reich, in: Bibliotheken während des Nationalsozialismus, Teil 2, 227–242.

4 Dahm, Das jüdische Buch im Dritten Reich.

5 Schulamit Schmidt, Jüdische Bibliotheken in der Zeit des Nationalsozialismus, in: Bibliotheken während des Nationalsozialismus, Teil 1, 509–513; vgl. auch: Büchner, Jüdische Bibliotheken Berlins, Kap. 5, 38–53.

6 T[heodor] Simon, Plaudereien in der jüdischen Bibliothek, in: Jüdische Rundschau 39, 67 (1934), 21. August 1934, 9, zitiert nach: Büchner, Jüdische Bibliotheken Berlins, 43.

7 Philip Friedman, The Fate of the Jewish Book, 116; Schidorsky, Das Schicksal jüdischer Bibliotheken, 193.

8 Ausführlich: Büchner, Die jüdischen Bibliotheken in Berlin, 54–71, hier 69–70.

9 Barbara Welker, Das Gesamtarchiv der deutschen Juden, in: »Tuet auf die Pforten«. Die Neue Synagoge 1866–1995, Begleitbuch zur ständigen Ausstellung der Stiftung »Neue Synagoge Berlin – Centrum Judaicum«, hrsg. von Hermann Simon und Jochen Boberg, Berlin 1995, 227–234

10 Friedman, The Fate of the Jewish Book, 115.

11 Chaim A. Kaplan, Buch der Agonie. Das Warschauer Tagebuch, hrsg. von Abraham I. Katsh, Frankfurt/Main 1967, 105.

12 Ebd., 67.

13 Friedman, The Fate of the Jewish Book, 114-115, zitiert wird die Frankfurter Zeitung, 28. März 1941. Vgl. auch als Überblick: Jacqueline Borin, Embers of the Soul. The Destruction of Jewish Books and Libraries in Poland during World War II, in: Libraries & Culture 28 (1993), 445-460.

14 Friedman, The Fate of the Jewish Book, 120.

15 Ebd., 117.

16 Hannah Arendt, Elemente und Ursprünge totaler Herrschaft. Antisemitismus, Imperialismus, totale Herrschaft, München, Zürich ⁵1996 (amerikan. Originalausg. New York 1951), 838.

17 Ebd.

18 Die Vorgeschichte des IEJ im Folgenden nach: Dieter Schiefelbein, Das »Institut zur Erforschung der Judenfrage Frankfurt am Main«. Vorgeschichte und Gründung 1935-1939, hrsg. von der Stadt Frankfurt am Main/Arbeitsstelle zur Vorbereitung des Frankfurter Lern- und Dokumentationszentrums des Holocaust Fritz-Bauer-Institut in Gründung, Frankfurt am Main [1993] und ders., Das »Institut zur Erforschung der Judenfrage Frankfurt am Main«. Antisemitismus als Karrieresprungbrett im NS-Staat, in: Fritz-Bauer-Institut (Hrsg.): Jahrbuch 1998/99 zur Geschichte und Wirkung des Holocaust, Frankfurt/Main, New York 1999, 43-71; vgl. zum weiteren Kontext: Werner Schochow, Deutsch-jüdische Geschichtswissenschaft, Berlin 1969, 149-195.

19 Schidorsky, Das Schicksal jüdischer Bibliotheken, 199; Tentative List of Jewish Cultural Treasures, 68. Für nähere und vollständige bibliographische Angaben zu dieser Liste vgl. Kap. 7 der vorliegenden Publikation.

20 Siehe zu den »Forschungsschwerpunkten« der Bibliothek des Münchener Instituts die zeitgenössische Quelle: Günter Schlichting, Eine Fachbibliothek zur Judenfrage. Die Münchener Bibliothek des Reichsinstituts für Geschichte des Neuen Deutschlands, in: Historische Zeitschrift 162 (1940), 567-572.

21 Beispiele für die dem Raub und der Vernichtung dienlich gewordene Forschungen sind: Für das Gebiet des Deutschen Reiches die Tätigkeit des Bibliothekars der Preußischen Staatsbibliothek Dr. Volkmar Eichstädt, der im Auftrag von Walter Franks Münchener Reichsinstitut für Geschichte des neuen Deutschlands jüdische Bestände in deutschen Bibliotheken erfasste, siehe Komorowski, Die wissenschaftlichen Bibliotheken während des Nationalsozialismus, 11-12. Das Osteuropa-Institut in Königsberg stellte neben demographischen Studien auch Material zu jüdischen Kultureinrichtungen zusammen. Auf dieser Basis publizierte Professor Peter-Heinz Seraphim seinen berüchtigten Band über das osteuropäische Judentum (Peter-Heinz Seraphim, Das Judentum im osteuropäischen Raum, Essen 1938). 1936 sondierte er bei einem Besuch die Bestände der YIVO-Bibliothek in Wilna. Weitere Beispiele bei Friedman, The Fate of the Jewish Book, 117.

22 Tentative List of Jewish Cultural Treasures, 9–11.

23 Maria Kühn-Ludewig, Johannes Pohl (1904–1960). Judaist und Bibliothekar im Dienste Rosenbergs. Eine biographische Dokumentation, Hannover 2000.

24 Die in der Literatur zu findende Angabe, Pohl sei von den Nazis nach Palästina geschickt worden, ist falsch.

25 Arthur Spanier emigrierte nach seiner Entlassung nach Holland, wurde dort nach dem deutschen Einmarsch verhaftet und 1944 in Bergen-Belsen ermordet.

26 Zur sefardischen Kultur Salonikis vgl.: Stichwort »Salonika«, in: Encyclopaedia Judaica, Bd. 14, Jerusalem 1971, 699–708; Kühn-Ludewig, Johannes Pohl, 155–159; siehe auch: Stichwort »Saloniki«, in: Enzyklopädie des Holocaust. Die Verfolgung und Ermordung der europäischen Juden, Bd. 3, Berlin 1993, 1274–1276.

27 Israelitische Gemeinde Thessalonikis, In memoriam, Essen 1981, 63–64 (maschschr. Übers., ein Ex. in der UB Bochum), zitiert nach: Kühn-Ludewig, Johannes Pohl, 158. Allerdings wurden, offenbar bedingt durch den Kriegsverlauf, große Teile der in Griechenland konfiszierten Bestände nicht mehr nach Deutschland abtransportiert.

28 Stichwort »Wilna«, in: Enzyklopädie des Holocaust, hrsg. von Eberhard Jäckel u. a., Bd. 3, Berlin 1993, 1599–1603.

29 Friedman, The Fate of the Jewish Book, 118

30 Zitert nach: Kühn-Ludewig, Johannes Pohl, 193.

31 Dov Schidorsky, Das Schicksal jüdischer Bibliotheken, 193–197.

32 Ebd., 194.

33 Siehe dazu: Schidorsky, Das Schicksal jüdischer Bibliotheken, 212–214, Anlage 2, die einen Auszug aus einer notariellen Erklärung der überlebenden jüdischen Zwangsarbeiter der RSHA-Bibliothek wiedergibt; vgl. zudem Dov Schidorsky, Confiscation of Libraries and Assignements to Forced Labour. Two Documents of the Holocaust, in: Libraries & Culture 33 (1998), 347–388. Dieser Aufsatz bringt im Anhang, in Dokument A2, Dr. Ernst Grumachs »Bericht über die Beschlagnahme und Behandlung der früheren jüdischen Bibliotheksbestände durch die Stapo-Dienststellen in den Jahren 33–45«, auf der Schidorskys Darstellung beruht, und in Dokument B2 den vollständigen Text der oben erwähnten notariellen Erklärung.

34 Die Bedeutung von Ghetto-Bibliotheken ist in den letzten Jahrzehnten eingehend beschrieben worden. Die nachfolgende Darstellung verdankt sich vor allem Shavit, Hunger for the Printed Word, und den Beiträgen im Sammelband: Bücher und Bibliotheken in Ghettos und Lagern (1933–1945), Red.: R. Dehmlow (Kleine Historische Reihe Band 3 der Zeitschrift Laurentius – von Menschen, Büchern und Bibliotheken) Hannover 1991.

35 Dina Abramowicz, Die Bibliothek im Wilnaer Ghetto (1941–1943), in: Bücher und Bibliotheken in Ghettos und Lagern, 119–137, hier 122.

36 Die Funktionen der Lektüre im Ghetto werden ausführlich analysiert bei: Shavit, Hun-

ger for the Printed Word; Ders., Jüdische Bibliotheken in den polnischen Ghettos der NS-Zeit, in: Bücher und Bibliotheken in Ghettos und Lagern, 57–82, hier 76–79.

37 Lucy S. Dawidowicz, Der Krieg gegen die Juden 1933–1945, München 1979 (amerikan. Originalausg. New York 1975), 247.

38 Marcel Reich-Ranicki: Mein Leben, Stuttgart, München 2000, 39–40.

39 Maria Kühn-Ludewig, Die Bibliothekarin Batia Temkin-Berman (1907–1953) und ihre Kinderbibliothek im Warschauer Ghetto, in: Bücher und Bibliotheken in Ghettos und Lagern, 103–118, hier 106–112; Shavit, Jüdische Bibliotheken, 68–69.

40 Bashe Temkin, Jüdische Bibliotheken in Warschau – während des Krieges, in: Kühn-Ludewig, Die Bibliothekarin Batia Temkin-Berman, 112–116, Zitat: 114.

41 Temkin, Jüdische Bibliotheken in Warschau, 112–116, Zitat: 116.

42 Ebd., 116.

43 Vgl. Abramowicz, Bibliothek im Wilnaer Ghetto; Shavit, Hunger for the Printed Word, 93–112.

44 Abramowicz, Die Bibliothek im Wilnaer Ghetto, 123–124.

45 Ebd., 124.

46 Stichwort »Theresienstadt«, in: Enzyklopädie des Holocaust, Bd. 3, 1404–1407.

47 Karl Braun, Die Bibliothek in Theresienstadt 1942–1945. Zur Rolle einer Leseinstitution in der »Endlösung der Judenfrage«, in: Bohemia 40 (1999), 367–386, hier 379; Kornelia Richter, Lesen im Ghetto Theresienstadt, in: Bücher und Bibliotheken in Ghettos und Lagern, 43–56.

48 Vgl. Braun, Die Bibliothek in Theresienstadt, 379. Allerdings wurde der Titel »Museum einer untergegangenen Rasse« in der offiziellen Terminologie nicht verwendet. Es handelt sich um das »Jüdische Zentralmuseum Prag«, das auf dem 1906 gegründeten jüdischen Museum der Stadt basierte. Die Nazis ließen Prager Juden aus konfizierten jüdischem Besitz das »Zentralmuseum« errichten, um jüdisches Leben für die Zeit nach der Shoa zu dokumentieren; hierzu: Dirk Rupnow, Täter, Gedächtnis, Opfer. Das »Jüdische Zentralmuseum« in Prag 1942–1945, Wien 2000; zu den verwendeten Namen ebd., 115–116. Nach dem Zweiten Weltkrieg ging aus dem »Zentralmuseum« der NS-Zeit das Jüdische Museum Prag hervor. In ihm fanden Bestände der Ghettobibliothek Theresienstadt Aufnahme, vgl.: Andrea Braunová, Origin of the Book Collection of the Library of the Jewish Museum in Prague, in: Judaica Bohemiae 36 (2000), 160–173.

49 Braun, Die Bibliothek in Theresienstadt, 369.

50 Ebd. 372, das Eichmann-Zitat ebd.

51 Käthe Starke, Der Führer schenkt den Juden eine Stadt. Bilder – Impressionen – Reportagen – Dokumente, Berlin 1975, 132, zitiert nach: Braun, Die Bibliothek in Theresienstadt, 374.

52 Richter, Lesen im Ghetto Theresienstadt, 50–53.

53 Viktor E. Frankl, Das Buch als Therapeutikum, in: Lesen als Lebenshilfe. Erfahrungen mit der Bibliotherapie. Aus Anlass des 20-jährigen Bestehens der Herderbücherei, Freiburg i. Brsg. 1977, 9–18, hier 12, zitiert nach: Braun, Bibliothek in Theresienstadt, 371. Zu Frankls Lebenserfahrung unter dem NS siehe auch: Viktor E. Frankl, ... trotzdem ja zum Leben sagen. Ein Psychologe erlebt das Konzentrationslager, München [13]1995.

7 Bibliotheksgeschichte als Migrationsgeschichte

1 Michel Foucault, Andere Räume, 43.
2 Heinrich Loewe, Jüdisches Bibliothekswesen, 8.
3 Saul Kussiel Padover, Jewish Libraries, in: James W. Thompson (Hrsg.), The Medieval Library, o. O., 1939, 338–346, Zitat: 339.
4 Alex Bein, »Hier kannst Du nicht jeden grüßen«. Erinnerungen und Betrachtungen, hrsg. von Julius H. Schoeps, Hildesheim 1996, Zitat: 29.
5 Moses Mendelssohn Zentrum Potsdam, http://www.uni-potsdam.de/u/mmz/b2bei. htm (Stand 14. 11. 2001).
6 Schidorsky, Germany in the Holy Land, 35, siehe auch: ebd., 35–39.
7 Ebd.
8 Samuel Joseph Agnon, Schira, aus d. Hebr. von Tuvia Rübner, Frankfurt/Main 1998 (hebr. Originalausg. Jerusalem 1970), 188.
9 Schidorsky, Germany in the Holy Land, 36.
10 Elisabeth Young-Bruehl, Hannah Arendt. For Love of the World, New Haven, London 1982, 186–188.
11 Daran beteiligt waren Gershom Scholem und die Bibliothekare Gotthold Weil und Daniel Goldschmidt. Schidorsky, Das Schicksal jüdischer Bibliotheken im Dritten Reich, 190.
12 Diese Zahl nach Schochow, Deutsch-jüdische Geschichtswissenschaft, 134, Anm. 10.
13 Commission on European Jewish Cultural Reconstruction (Hrsg.), Tentative List of Jewish Cultural Treasures in Axis-Occupied Countries, in: Jewish Social Studies, 8 (1946), Supplement. Vgl. darin das Introductory Statement, 5–9, Zitat: ebd, 7. Beispiele weiterer Übersichten, die als Supplemente der *Jewish Social Studies* (JSS) erschienen: Addenda and Corrigenda to the Tentative List of Jewish Cultural Treasures in Axis Occupied Countries, in: JSS 10 (1948); Tentative List of Jewish Educational Institutions in Axis-Occupied Countries, in: JSS 8 (1946).
14 Tentative List of Jewish Cultural Treasures, 5–6.
15 Häufig mit dem Stempel: »Sichergestellt durch Einsatzstab RR«. Die Abteilung Lodz des IEJ hatte den Stempel: »Inst. d. NSDAP z. Erforschung d. Judenfrage Abt. Ostjudentum

Litzmannstadt«. Joshua Starr, Jewish Cultural Property under Nazi Control, in: Jewish Social Studies 12 (1950), 27–48, hier 28, 35.

16 Vgl. auch F. J. Hoogewoud, The Nazi Looting of Books and its American ›Antithesis‹. Selected Pictures from the Offenbach Archival Depot's Photographic History and Its Supplement, in: Studia Rosenthaliana 26 (1992), 158–192, hier 167–173.

17 Gershom Scholem, Briefe I, 1914–1947, hrsg. von Itta Shedletzky, München 1994, 316. Dort auch im Anhang die Übersetzung seines hebräischen Typoskripts für den am 5. 10. 1947 in *Ha'aretz* veröffentlichten Artikel »Zur Frage der geplünderten jüdischen Bibliotheken«, 472–478.

18 Scholem, Briefe I, 476.

19 Ebd., 316.

20 Ebd., 315.

21 Ebd., 318, 328.

22 Lucy S. Dawidowicz, What is the Use of Jewish History. Essays, hrsg. von Neal Kozodoy, New York 1992, 37.

23 Hoogewoud, The Nazi Looting, 170. In beträchtlichem Umfang befinden sich geraubte Bestände im Moskauer »Sonderarchiv«. Für eine Bestandsübersicht siehe: Götz Aly; Susanne Heim: Das zentrale Staatsarchiv Moskau (»Sonderarchiv«). Rekonstruktion und Bestandsverzeichnis verschollen geglaubten Schriftguts aus der NS-Zeit, Düsseldorf 1992.

24 Friedman, The Fate of the Jewish Book, 122.

25 Hoogewoud, The Nazi Looting, 173.

26 Schon Scholem hielt es für möglich, dass Bestände ehemaliger jüdischer Bibliotheken, die »in alle Himmelsrichtungen zerstreut« wurden, »teilweise in öffentliche deutsche Bibliotheken eingeordnet wurden, und es wird nicht leicht sein, sie dort zu ermitteln«. Scholem, Briefe I, 476. Eine bemerkenswerte Initiative ging von der pensionierten Oberschulrätin Elfriede Bannas aus, die seit 1991 Bücher jüdischer Besitzer in der Bremer Staats- und Universitätsbibliothek aufgespürt hat. Es handelt sich dabei um Bücher von zur Emigration gezwungenen jüdischen Bürgern, die zunächst ihren Besitz in Packkisten (»Lifts«) für die Nachsendung zurückließen. Die im Bremer Überseehafen und bei Speditionsfirmen lagernden Kisten wurden nach Kriegsausbruch von der Gestapo beschlagnahmt und 1942 zwangsversteigert. Über diese so genannten »Judenauktionen« kamen auch mit »Jud Auk« oder »J A« gestempelte Bücher in die Bremer Bibliothek, die sich nun für die Rückgabe einsetzte. Tatsächlich konnten einige Bücher an die Nachfahren der ehemaligen Besitzer übersand werden. Vgl. Rolf Michaelis, Worüber kein Gras wächst. Beutekunst – andersrum. Eine Tagung in Bremen über den Skandal geraubter Bücher aus jüdischem Besitz in deutschen Bibliotheken, in: Die Zeit, 10. Oktober 1997.

27 Barkow, Alfred Wiener and the Making of the Holocaust Library; Stichwort »Wiener Library«, in: Encyclopaedia Judaica, Bd. 16, Jerusalem 1971, 503–504.

28 Siehe die »Bibliography of Wiener Library Publications« im Anhang von Barkow, Alfred Wiener and the Making of the Holocaust Library, 196–206.

29 Ebd., 133: »[The] specifically German identity of Wiener's collection was an embarrassment and inconvienience to many of those who recognised the quality of the collection and would have liked to acquire it.« Zum weiteren Kontext dieser Frage vgl. ebd., 126–133.

30 Zur öffentlich ausgetragenen Kontroverse siehe ebd., 168–174.

31 Barkow, Alfred Wiener and the Making of the Holocaust Library, 170–171, 181.

32 Vgl. Ita Kaufmann, Bedeutende Bibliotheken der Welt (XL). Elias Sourasky ZB Tel Aviv, in: Börsenblatt für den Deutschen Buchhandel, 41 (Nr. 63, 9. August 1985), 1972–1974.

33 Siehe Raphael Gross, Politische Polykratie 1936. Die legendenumwobene SD-Akte Carl Schmitt, in: Tel Aviver Jahrbücher für deutsche Geschichte 23 (1994), 115–143.

Bibliographie

Abramowicz, Dina: Die Bibliothek im Wilnaer Ghetto (1941–1943), in: Bücher und Bibliotheken in Ghettos und Lagern, 119–137.

Agnon, Samuel Joseph: Schira, aus d. Hebr. von Tuvia Rübner, Frankfurt/Main 1998 (hebr. Originalausg. Jerusalem 1970).

Alcalay, Ammiel: After Jews and Arabs. Remaking Levantine Culture, Minneapolis, London 1993.

Alexander, Gabriel E.: Die jüdische Bevölkerung Berlins in den ersten Jahrzehnten des 20. Jahrhunderts: Demographische und wirtschaftliche Entwicklungen, in: Jüdische Geschichte in Berlin, 117–148.

Aly, Götz Aly; Heim, Susanne: Das zentrale Staatsarchiv Moskau (»Sonderarchiv«). Rekonstruktion und Bestandsverzeichnis verschollen geglaubten Schriftguts aus der NS-Zeit, Düsseldorf 1992.

Arendt, Hannah: Elemente und Ursprünge totaler Herrschaft. Antisemitismus, Imperialismus, totale Herrschaft, München, Zürich ^{5}1996 (amerikan. Originalausg. New York 1951).

Ball, Rafael: Sammelstätte des Verstreuten. Wissenschaftliche Bibliotheken in Israel, in: Frankfurter Allgemeine Zeitung, 7. Februar 2001.

Barkow, Ben: Alfred Wiener and the Making of the Holocaust Library, London, Portland/Or. 1997.

Barner, Wilfried: Jüdische Goethe-Verehrung vor 1933, in: Juden in der deutschen Literatur. Ein deutsch-israelisches Symposion, hrsg. von Stéphane Moses und Albrecht Schöne, Frankfurt/Main 1986, 127–151.

Beck, Nelson R.: The Use of Library and Educational Facilities by Russian-Jewish Immigrants in New York City 1880–1914. The Impact of Culture, in: Journal of Library History 12 (1977), 128–149.

Bein, Alex: »Hier kannst Du nicht jeden grüßen«. Erinnerungen und Betrachtungen, hrsg. von Julius H. Schoeps, Hildesheim 1996.

Benjamin, Walter: Der Erzähler, in: Ders.: Illuminationen. Ausgewählte Schriften 1, Frankfurt/Main 1977, 385–410.

Benjamin, Walter: Ich packe meine Bibliothek aus. Eine Rede über das Sammeln, in: Ders.: Gesammelte Werke, Bd. IV,1, Frankfurt/Main 1980.

Bergmann, Hugo: Die jüdische National-Bibliothek, in: Soncino-Blätter, 2. Bd., Berlin 1927, 81–84.

Berrol, Selma: East Side/East End. Eastern European Jews in London and New York, 1870–1920, Westport/Con., London 1994.

Bibliotheken während des Nationalsozialismus, hrsg. von Peter Vodosek und Manfred Komorowski, 2 Teile (Wolfenbütteler Schriften zur Geschichte des Buchwesens 16), Wiesbaden 1989 bzw. 1992.

Borin, Jacqueline: Embers of the Soul. The Destruction of Jewish Books and Libraries in Poland during World War II, in: Libraries & Culture 28 (1993), 445–460.

Bramson-Alpernienė, Esfir: Yivo in Wilna. Zur Geschichte des »Jüdischen Wissenschaftlichen Instituts«, aus d. Jidd. von Hubert Witt, hrsg. vom Simon-Dubnow-Institut, Baalsdorf 1997.

Braun, Karl: Die Bibliothek in Theresienstadt 1942–1945. Zur Rolle einer Leseinstitution in der »Endlösung der Judenfrage«, in: Bohemia 40 (1999), 367–386.

Braunová, Andrea: Origin of the Book Collection of the Library of the Jewish Museum in Prague, in: Judaica Bohemiae 36 (2000), 160–173.

Brenner, Michael: Zwischen Ost und West. Berlin als Zentrum jüdischer Kultur in der Weimarer Republik, in: Jüdische Geschichte in Berlin, 197–214.

Breuer, Mordechai: Jüdische Orthodoxie im Deutschen Reich 1871–1918. Die Sozialgeschichte einer religiösen Minderheit, Frankfurt/Main 1986.

Bücher und Bibliotheken in Ghettos und Lagern (1933–1945), Red.: R. Dehmlow (Kleine Historische Reihe Bd. 3 der Zeitschrift Laurentius - von Menschen, Büchern und Bibliotheken), Hannover 1991.

Büchner, Uta: Die jüdischen Bibliotheken Berlins in der Zeit der Shoah. 1933 bis 1945, unveröff. Magisterarbeit, Humboldt-Universität, Philosophische Fakultät I, Institut für Bibliothekswissenschaften, Berlin 1998.

Cambridge University Library:
http://www.lib.cam.ac.uk/Taylor-Schechter/GOLD/ (Stand 23. 10. 2001).

Canfora, Luciano: Göttliche Flammenmeere. Die Geschichte einer Bücherverbrennung, in: du, 58,1 (Januar 1998), 56–58.

A Century of Books. The Jewish National and University Library. Centennial Anniversary Exhibition, Autor des Kataloges: Zvi Baras, hrsg. von der JNUL, Jerusalem 1992.

Commission on European Jewish Cultural Reconstruction (Hrsg.): Addenda and Corrigenda to the Tentative List of Jewish Cultural Treasures in Axis Occupied Countries, in: Jewish Social Studies, 10 (1948), Supplement.

Commission on European Jewish Cultural Reconstruction (Hrsg.): Tentative List of Jewish Cultural Treasures in Axis-Occupied Countries, in: Jewish Social Studies, 8 (1946), Supplement.

Commission on European Jewish Cultural Reconstruction (Hrsg.): Tentative List of Jewish Educational Institutions in Axis-Occupied Countries, in: Jewish Social Studies, 8 (1946), Supplement.

Dahm, Volker: Das jüdische Buch im Dritten Reich, 2., überarb. Aufl., München 1993 (erste Aufl. in zwei Teilen Frankfurt/Main 1979 bzw. 1981).

Dahm, Volker: Salman Schocken, in: Der Schocken Verlag/Berlin, 15–38.

Dawidowicz, Lucy S.: From that Place and Time. A Memoir 1938–1947, New York 1991.

Dawidowicz, Lucy S.: Der Krieg gegen die Juden 1933–1945, München 1979 (amerikan. Originalausg. New York 1975).

Dawidowicz, Lucy S.: What is the Use of Jewish History? Essays, hrsg. von Neal Kozodoy, New York 1992.

Dobroszycki, Lucjan: YIVO in Interwar Poland. Work in the Historical Sciences, in: The Jews of Poland Between Two World Wars, 494–518.

du. Die Zeitschrift der Kultur. Themenheft: Gedächtnis der Worte. Von Büchern und Bibliotheken, 58,1 (Januar 1998).

Dubnow, Simon: Mein Leben, aus d. Russ. gek. u. hrsg. von Elias Hurwicz, Berlin 1937.

Eco, Umberto: Die Bibliothek (Festvortrag zum 25. Jubiläum der Mailänder Stadtbibliothek im Palazzo Sormani am 10. März 1981), aus d. Ital. von Burkhart Krober, München 1987.

Eco, Umberto: Wie man eine öffentliche Bibliothek organisiert, in: Ders.: Wie man mit einem Lachs verreist und andere nützliche Ratschläge, München 1999, 26–29.

Eisenbach, Arthur: Jewish Historiography in Interwar Poland, in: The Jews of Poland Between Two World Wars, 453–493.

Encyclopaedia Judaica, (ersch.:) 10 Bde., Berlin 1928–1934.

Encyclopaedia Judaica, 16 Bde., Jerusalem 1971/1972.

Enzensberger, Hans Magnus: Das Haus an der Burggasse. Ein Fluchtversuch, in: du, 58,1 (Januar 1998), 16–17.

Enzyklopädie des Holocaust. Die Verfolgung und Ermordung der europäischen Juden, hrsg. von Eberhard Jäckel u. a., 3 Bde., Berlin 1993.

Essays on Jewish Booklore. Articles from the Jewish Book Annual, selected by Philip Goodman, New York 1972.

Faber, Salamon: Selected Private Jewish Library Collections, in: Essays on Jewish Booklore, 336–343.

Foucault, Michel: Andere Räume, in: Aisthesis. Wahrnehmung heute oder Perspektiven einer anderen Ästhetik. Essais, hrsg. von Karlheinz Barck, Leipzig 1990, 34–46.

Frankl, Viktor E.: … trotzdem ja zum Leben sagen. Ein Psychologe erlebt das Konzentrationslager, München [13]1995.

Friedman, Philip: The Fate of the Jewish Book during the Nazi Era, in: Essays on Jewish Booklore, 112–122 (unter d. gleichen Titel Wiederabdruck in: Jewish Book Annual 54 [1996–1997], 81–94).

Fünfundvierzigster Bericht der Hochschule für die Wissenschaft des Judentums in Berlin, Berlin 1928.

Fünfzigster Bericht der Lehranstalt für die Wissenschaft des Judentums in Berlin, Berlin 1936.

Genizah – Hidden Legacies of the German Village Jews/Genisa – Verborgenes Erbe der deutschen Landjuden. Eine Ausstellung von The Hidden Legacy Foundation, (zweisprachiger) Katalog, hrsg. von Falk Wiesemann, Wien 1992.

Glau, Angelika: Jüdisches Selbstverständnis im Wandel. Jiddische Literatur zu Beginn des zwanzigsten Jahrhunderts, Wiesbaden 1999.

Goitein, Shlomo Dov: Jews and Arabs. Their Contacts through the Ages, London u. a. 1955.

Goitein, Shlomo Dov: A Mediterranean Society. The Jewish Communities of the Arab World as Portrayed in the Documents of the Cairo Geniza, 5 Bde. (plus Index), Berkley, Los Angeles, London 1967–1993.

Gombrich, Ernst H.: Aby Warburg. Eine intellektuelle Biographie (Europäische Bibliothek 12), Frankfurt/Main 1992 (engl. Originalausg. London 1970).

Gottschalk, Walther: Die jüdische National- und Universitätsbibliothek in Jerusalem, in: Zentralblatt für Bibliothekswesen 43 (Mai–Juni 1926), 556–563.

Greguletz, Alexander: Von der Vereinsbibliothek zur proletarischen Massenbibliothek. Arbeiterbibliotheken zwischen 1890 und 1918, in: Zentralblatt für Bibliothekswesen 99 (1985), 163–166.

Gross, Raphael: Politische Polykratie 1936. Die legendenumwobene SD-Akte Carl Schmitt, in: Tel Aviver Jahrbücher für deutsche Geschichte 23 (1994), 115–143.

Grosse, Max: Die Rache der Bücher. Von der Unlesbarkeit der Welt, in: du, 58,1 (Januar 1998) 66–67, 82.

Herlitz, Georg: Jüdische Gemeindebibliotheken, in: Der Orden Bne Briss, Festschrift zum Ordenstage, o. Jg., Nr. 10, Oktober 1928, 170–173.

Herlitz, Georg: Jüdische Privatbibliotheken, in: Der Orden Bne Briss, Festnummer zum Ordenstage, o. Jg., Nr. 10, Oktober 1929, 181–184.

Hilz, Helmut: Israels wissenschaftliches Bibliothekswesen – Geschichte und Gegenwart.

Ein Beitrag zur IFLA-Konferenz in Jerusalem, in: Zeitschrift für Bibliothekswesen und Bibliographie 47 (2000), 255–269.

Hirschfeld, Ariel: Schocken und Agnon – Münz und Masal, in: Der Schocken Verlag/Berlin, 191–200.

Homeyer, Fritz: Deutsche Juden als Bibliophilen und Antiquare (Schriftenreihe wissenschaftlicher Abhandlungen des Leo-Baeck-Instituts 10), Tübingen 1963.

Hoogewoud, F. J.: The Nazi Looting of Books and its American ›Antithesis‹. Selected Pictures from the Offenbach Archival Depot's Photographic History and Its Supplement, in: Studia Rosenthaliana 26 (1992), 158–192.

Horodisch, Abraham: Ein Abenteuer im Geiste. Die Soncino-Gesellschaft der Freunde des jüdischen Buches, in: Bibliotheca Docet. Festgabe für Carl Wehmer, Amsterdam 1963, 181–208.

Howe, Irving: World of Our Fathers. The Journey of the East European Jews to America and the Life they Found and Made, New York 1976.

Jäger, Jens: Photographie. Bilder der Neuzeit. Einführung in die Historische Bildforschung, Tübingen 2000.

Jahres-Bericht des Rabbiner-Seminars zu Berlin für 1925, 1926, 1927 (5686–88), erstattet vom Kuratorium, Berlin 1928.

Jew Babes at the Library, Evening Post (New York), 3. Oktober 1903 [N. N.], in: Portal to America. The Lower East Side, 1870–1925, hrsg. von Allon Schoener, New York u. a. 1967, 133–134.

Jewish Virtual Libray: Judaic Treasures of the Library of Congress. The Berlin Humash, http://www.us-israel.org/jsource/loc/Berlin.html (Stand 25. 9. 2001).

The Jews of Poland Between Two World Wars, hrsg. von Yisrael Gutman u. a. (The Tauber Institute for the Study of European Jewry series 10), Hanover/NH, London 1989.

Jochum, Uwe: Kleine Bibliotheksgeschichte, Stuttgart 1999.

Jüdische Geschichte in Berlin. Essays und Studien, hrsg. von Reinhard Rürup, Berlin 1995.

Jüdische Kulturarbeit. Der jüdische Kulturfonds Kedem, Berlin [1914].

Jüdische Lesehalle und Bibliothek Berlin. Rückblick auf das erste Jahrzehnt der Lesehalle 1895–1905, Berlin 1905.

Jüdische Lesehalle und Bibliothek. Bericht für das Jahr 1910, Berlin 1910.

Jüdisches Lexikon, 4 Bde., Frankfurt/Main 1987 (Nachdr. d. ersten Aufl., Berlin 1927).

Jütte, Robert: Die Emigration der deutschsprachigen »Wissenschaft des Judentums«. Die Auswanderung jüdischer Historiker nach Palästina 1933–1945, Stuttgart 1991.

Kafka, Franz: Gesammelte Werke, hrsg. von Max Brod, Bd. 8: Briefe 1902–1924, Frankfurt/Main 1975.

Kaplan, Chaim A.: Buch der Agonie. Das Warschauer Tagebuch, hrsg. von Abraham I. Katsh, Frankfurt/Main 1967.

Kaufman, David: Shul with a Pool. The »Synagogue-Center« in American Jewish History, Hanover/NH, London 1999.

Kaufmann, Ita: Bedeutende Bibliotheken der Welt (XL). Elias Sourasky ZB Tel-Aviv, in: Börsenblatt für den Deutschen Buchhandel, 41 (Nr. 63, 9. August 1985), 1972 bis 1974.

Klibansky, Raymond: Erinnerungen an ein Jahrhundert. Gespräche mit Georges Leroux, Frankfurt/Main, Leipzig 2001 (franz. Originalausg. Paris 1998).

Komorowski, Manfred: Die wissenschaftlichen Bibliotheken während des Nationalsozialismus, in: Bibliotheken während des Nationalsozialismus, Teil 1, 1–23.

Korzec, Pawel: Polen und der Minderheitenschutzvertrag 1919–1934, in: Jahrbücher für Geschichte Osteuropas, N. F. 22 (1975), 515–555.

Kracauer, Siegfried: Die Photographie (aus der Frankfurter Zeitung, 28.10.1927), in: Ders.: Der verbotene Blick. Beobachtungen. Analysen. Kritiken. Leipzig 1992, 185 bis 203.

Kühn-Ludewig, Maria: Die Bibliothekarin Batia Temkin-Berman (1907–1953) und ihre Kinderbibliothek im Warschauer Ghetto, in: Bücher und Bibliotheken in Ghettos und Lagern, 103–118.

Kühn-Ludewig, Maria: Johannes Pohl (1904–1960). Judaist und Bibliothekar im Dienste Rosenbergs. Eine biographische Dokumentation (Kleine historische Reihe der Zeitschrift Laurentius, 10), Hannover 2000.

Lederhendler, Eli: The Road to Modern Jewish Politics. Political Tradition and Political Reconstruction in the Jewish Community of Tsarist Russia, New York, Oxford 1989.

Lehnardt, Peter S.: Das Forschungsinstitut für hebräische Dichtung und sein Beitrag zur Kenntnis der hebräischen Dichtung des Mittelalters, in: Der Schocken Verlag/Berlin, 299–320.

Lehranstalt für die Wissenschaft des Judentums. Festschrift zur Einweihung des eigenen Heims, Berlin am 22. Oktober 1907, Berlin 1907.

Lerner, Fred: The Story of Libraries. From the Inventing of Writing to the Computer Age, New York 1998.

Lexikon der Buchkunst und Bibliophilie, hrsg. von Karl Klaus Walther, München u. a. 1988.

Loewe, Heinrich: Der Aufbau der Jerusalem-Bibliothek, in: Soncino-Blätter, 2. Bd., Berlin 1927, 85–96.

Loewe, Heinrich: Jüdisches Bibliothekswesen im Lande Israel, Jerusalem 1922.

Lokshin, Aleksandr: The Bund in the Russian-Jewish Historical Landscape, in: Russia under the Last Tsar. Opposition and Subversion, 1894–1917, hrsg. von Anna Greifman, Oxford, Malden/Mass. 1999, 57–73.

Löwenthal, Leo: Calibans Erbe. Bücherverbrennungen und kulturelle Verdrängungsmechanismen, in: Kanon und Zensur. Archäologie der literarischen Kommunikation II, hrsg. von Aleida und Jan Assmann, München 1987, 227–236.

Marks, Erwin: Jüdische Bibliotheken in Berlin, in: Zentralblatt für Bibliothekswesen 102 (1988), 345–349.

Marrus, Michael R.: Die Unerwünschten. Europäische Flüchtlinge im 20. Jahrhundert, Berlin, Göttingen, Hamburg 1999 (amerikan. Originalausg. New York 1985).

Mendelsohn, Ezra: Class Struggle in the Pale. The Formative Years of the Jewish Worker's Movement in Tsarist Russia, London, New York 1970.

Mendelsohn, Ezra: The Jews of East Central Europe Between the World Wars, Bloomington, Indianapolis 1983.

Michaelis, Rolf: Worüber kein Gras wächst. Beutekunst – andersrum. Eine Tagung in Bremen über den Skandal geraubter Bücher aus jüdischem Besitz in deutschen Bibliotheken, in: Die Zeit, 10. Oktober 1997.

Miron, Dan: A Traveler Disguised. The Rise of Modern Yiddish Fiction in the Nineteenth Century, New York 1996.

Mojcher Sforim, Mendele: Fischke der Lahme. Bettlerroman, aus d. Jidd. übers. u. hrsg. von Hubert Witt, Leipzig 1994.

Moses Mendelssohn Zentrum Potsdam:
http://www.uni-potsdam.de/u/mmz/b2bei.htm (Stand 14. 11. 2001).

Müller-Jerina, Alwin: Zwischen Ausgrenzung und Vernichtung. Jüdische Bibliothekare im Dritten Reich, in: Bibliotheken während des Nationalsozialismus, Teil 2, 227–242.

Mummendey, Richard: Von Büchern und Bibliotheken, 5., durchges. u. erg. Aufl., Darmstadt 1976.

New York Public Library:
http://www.nypl.org/admin/pro/history.html und
http://www.nypl.org/branch/man/ag.html (Stand 6. 11. 2001).

Niewöhner, Friedrich: Die Rückkehr aus der fremden Sprache. Die vergessene Geschichte des Jüdischen Wissenschaftlichen Instituts in Wilna, in: Frankfurter Allgemeine Zeitung, 18. April 2001.

Padover, Saul Kussiel: Jewish Libraries, in: Thompson, James W. (Hrsg.): The Medieval Library, o. O., 1939, 338–346.

Paucker, Arnold: Das Berliner liberale jüdische Bürgertum im »Centralverein deutscher Staatsbürger jüdischen Glaubens«, in: Jüdische Geschichte in Berlin, 215–228.

Paucker, Arnold: Der jüdische Abwehrkampf gegen Antisemitismus und Nationalsozialismus in den letzten Jahren der Weimarer Republik, 2.,verb. Aufl., Hamburg 1969.

Pickhan, Gertrud: »Gegen den Strom«. Der Allgemeine Jüdische Arbeiterbund »Bund« in Polen 1918–1939 (Schriften des Simon-Dubnow-Instituts 1), Stuttgart, München 2001.

PKC Freudental: http://www.pkc-freudental.de/genisa/genisa.htm (Stand 22.10.2001).

Przybilski, Martin: Zu einigen jiddischen Fragmenten aus der Veitshöchheimer Genisa, in: Ashkenas 11 (2001), 233–238.

Raulff, Ulrich: Von der Privatbibliothek des Gelehrten zum Forschungsinstitut. Aby Warburg, Ernst Cassirer und die neue Kulturwissenschaft, in: Geschichte und Gesellschaft 23 (1997), 28–41.

Reichmann, Hans: Der drohende Sturm, in: In zwei Welten. Siegfried Moses zum fünfundsiebzigsten Geburtstag, hrsg. von Hans Tramer, Tel Aviv 1966, 556–577.

Reich-Ranicki, Marcel: Mein Leben, Stuttgart, München 2000.

Reif, Stefan C.: A Jewish Archive from Old Cairo. The History of Cambridge University's Genizah Collection, Richmond 2000.

Reinke, Andreas: »Eine Sammlung des jüdischen Bürgertums«. Der Unabhängige Orden B'nai B'rith in Deutschland, in: Juden, Bürger, Deutsche, hrsg. von Andreas Gotzmann, Rainer Liedtke, Till van Rahden (Schriftenreihe wissenschaftlicher Abhandlungen des Leo-Baeck-Instituts 63), Tübingen 2001, 315–340.

Richter, Kornelia: Lesen im Ghetto Theresienstadt, in: Bücher und Bibliotheken in Ghettos und Lagern, 43–56.

Richter, Tilo: Erich Mendelsohns Kaufhaus Schocken. Jüdische Kulturgeschichte in Chemnitz, Leipzig 1998.

Roeck, Bernd: Der junge Aby Warburg, München 1997.

Roth, Cecil: Famous Jewish Book Collections and Collectors, in: Essays on Jewish Booklore, 330–335.

Rovelstad, Mathilde: Socialistic Librarianship. Cuius regio eius bibliotheca, in: Journal of Library History 9 (1974), 318–333.

Rupnow, Dirk: Täter, Gedächtnis, Opfer. Das »Jüdische Zentralmuseum« in Prag 1942–1945, Wien 2000.

Saxl, Fritz: Die Geschichte der Bibliothek Warburgs (1886–1944), in: Gombrich: Aby Warburg, 433–450.

Schaeper, Silke: Bibliophilie als kultureller Auftrag. Die Geschichte der Schocken-Bibliothek bis 1939, in: Der Schocken Verlag/Berlin, 347–359.

Schaeper, Silke: »Goldadern wertvollen jüdischen Lebens«. Salman Schocken und seine Hebraica-Sammlung, in: Jüdischer Almanach 1995 des Leo-Baeck-Instituts, hrsg. von Jakob Hessing, Frankfurt/Main 1994, 121–135.

Schidorsky, Dov: Confiscation of Libraries and Assignements to Forced Labour. Two Documents of the Holocaust, in: Libraries & Culture 33 (1998), 347–388.

Schidorsky, Dov: The Emergence of Jewish Public Libraries in Nineteenth-Century Palestine, in: Libri 32 (1982), 1–40.

Schidorsky, Dov: Germany in the Holy Land. Its Involvement and Impact on Library Development in Palestine and Israel, in: Libri 49 (1999), 26–42.

Schidorsky, Dov: Libraries in Late Ottoman Palestine between the Orient and the Occident, in: Library & Culture 33 (1988), 260–276.

Schidorsky, Dov: The Municipal Libraries of Tel Aviv during the British Mandate, 1920–1948, in: Libraries & Culture 31 (1996), 540–556.

Schidorsky, Dov: The Origins of Jewish Workers' Libraries in Palestine, 1880–1920, in: Libraries & Culture 23 (1988), 39–60.

Schidorsky, Dov: Das Schicksal jüdischer Bibliotheken im Dritten Reich, in: Bibliotheken während des Nationalsozialismus, Teil 2, 189–222.

Schiefelbein, Dieter: Das »Institut zur Erforschung der Judenfrage Frankfurt am Main«. Antisemitismus als Karrieresprungbrett im NS-Staat, in: Fritz-Bauer-Institut (Hrsg.): »Beseitigung des jüdischen Einflusses …«. Antisemitische Forschung, Eliten und Karrieren im Nationalsozialismus, Jahrbuch 1998/99 zur Geschichte und Wirkung des Holocaust, Frankfurt/Main, New York 1999, 43–71.

Schiefelbein, Dieter: Das »Institut zur Erforschung der Judenfrage Frankfurt am Main«. Vorgeschichte und Gründung 1935–1939, hrsg. von der Stadt Frankfurt am Main/Arbeitsstelle zur Vorbereitung des Frankfurter Lern- und Dokumentationszentrums des Holocaust Fritz-Bauer-Institut in Gründung, Frankfurt/Main [1993].

Schlichting, Günter: Eine Fachbibliothek zur Judenfrage. Die Münchener Bibliothek des Reichsinstituts für Geschichte des Neuen Deutschlands, in: Historische Zeitschrift 162 (1940), 567–572.

Schlögel, Karl: Berlin Ostbahnhof Europas. Russen und Deutsche in ihrem Jahrhundert, Berlin 1998.

Schlör, Joachim: Literatur zum Scheunenviertel, in: Berliner Lesezeichen. Literaturzeitung 3,10 (Oktober 1995), 21–24.

Schmidt, Peter: Aby M. Warburg und die Ikonologie (Gratia 20), Wiesbaden ²1993.

Schmidt, Shulamit: Jüdische Bibliotheken in der Zeit des Nationalsozialismus, in: Bibliotheken während des Nationalsozialismus, Teil 1, 509–513.

Schochow, Werner: Deutsch-jüdische Geschichtswissenschaft (Einzelveröffentlichungen der Historischen Kommission zu Berlin 3), Berlin 1969.

Der Schocken Verlag/Berlin. Jüdische Selbstbehauptung in Deutschland 1931–1938. Essayband zur Ausstellung »Dem suchenden Leser unserer Tage« der Nationalbibliothek

Luxemburg, hrsg. von Saskia Schreuder und Claude Weber in Verbindung mit Silke
  Schaeper und Frank Grunert, Berlin 1994.

Schoell-Glass, Charlotte: Aby Warburg und der Antisemitismus. Kulturwissenschaft als
  Geistespolitik, Frankfurt/Main 1998.

Scholem, Gershom: Briefe I, 1914–1947, hrsg. von Itta Shedletzky, München 1994.

Scholem, Gershom: Von Berlin nach Jerusalem. Jugenderinnerungen, aus d. Hebr. von
  Michael Brocke und Andrea Schatz, Frankfurt/Main 1997.

Schreiner, Stefan: »Wissenschaft auf Jiddisch«. Eine Erinnerung an die Gründung des
  Yidisher Visnshaftlekher Institut (YIVO) vor 75 Jahren, in: Wissenschaft des Ostjudentums. Eine Ausstellung zum 75. Geburtstag des Yidisher Visnshaftlekher Institut
  (YIVO), [hrsg. von der Universitätsbibliothek Tübingen und der litauischen National-
  bibliothek] Tübingen, Vilnius 2000, 5–21.

Schwara, Desanka: »Ojfn weg schtejt a bojim«. Jüdische Kindheit und Jugend in Galizien,
  Kongreßpolen und Rußland 1881–1939, Köln, Weimar, Wien 1999.

Sever, Shmuel: The Melting Pot of Library Traditions. The Case of Israel, in: Journal of
  Library History 20 (1985), 253–266.

Shavit, David: The Emergence of Jewish Public Libraries in Tsarist Russia, in: Journal of
  Library History 20 (1985), 239–252.

Shavit, David: Hunger for the Printed Word. Books and Libraries in the Jewish Ghettos
  of Nazi-occupied Europe, Jefferson/NC, London 1997.

Shavit, David: Jüdische Bibliotheken in den polnischen Ghettos der NS-Zeit, in: Bücher
  und Bibliotheken in Ghettos und Lagern, 57–82.

Shilony, Zvi: Ideology and Settlement. The Jewish National Fund, 1897–1914, Jerusalem
  1998.

Soncino-Blätter. Beiträge zur Kunde des jüdischen Buches, hrsg. von der Soncino-Gesellschaft der Freunde des jüdischen Buches, Red.: Herrmann Meyer, Bd. 1: Berlin
  1925–1926, Bd. 2: Berlin 1927, Bd. 3: Berlin 1929/30.

Soncino-Nachrichten, Beilage zu den Soncino-Blättern, Bd. 1, Berlin 1925–1926.

Sorin, Gerald: A Time for Building. The Third Migration 1880–1920, Baltimore, London
  1992.

Soyer, Daniel: Jewish Immigrant Associations and American Identity in New York,
  1880–1939, Cambridge/Mass., London 1997.

Starr, Joshua: Jewish Cultural Property under Nazi Control, in: Jewish Social Studies 12
  (1950), 27–48.

Stockhausen, Tilmann von: Die Kulturwissenschaftliche Bibliothek Warburg. Architektur, Einrichtung und Organisation, Hamburg 1992.

Strauss, Herbert A.: Die letzten Jahre der Hochschule (Lehranstalt) für die Wissenschaft des Judentums, Berlin: 1936–1942, in: Wissenschaft des Judentums: Anfänge der Judaistik in Europa, hrsg. von Julius Carlebach, Darmstadt 1992, 36–58.

Temkin, Bashe: Jüdische Bibliotheken in Warschau – während des Krieges, in: Kühn-Ludewig, Die Bibliothekarin Batia Temkin-Berman, 112–116.

Udovitch, Abraham L. I.: Preface, in: Shlomo Dov Goitein: A Mediterranean Society, Bd. 5, Berkley, Los Angeles, London 1988, ix–xviii.

UNESCO: http://www.unesco.org/webworld/libraries/manifestos/libraman.html (Stand 1.11.2001).

Warburg, Aby Moritz: Sandro Botticellis »Geburt der Venus« und »Frühling«. Eine Untersuchung über die Vorstellungen von der Antike in der italienischen Frührenaissance, Phil. Diss. Univ. Straßburg 1892.

Weber, Claude: »Halt und Richte«. Zur Programmatik des Schocken Verlags, in: Der Schocken Verlag/Berlin, 39–54.

Weinberg, Manfred: Der Büchertrutzkasten. Die Kulturwissenschaftliche Bibliothek Aby Warburgs: Ein Vorbild, in: du, 58,1 (Januar 1998), 35–36, 82.

Welker, Barbara: Das Gesamtarchiv der deutschen Juden, in: »Tuet auf die Pforten«. Die Neue Synagoge 1866 – 1995. Begleitbuch zur ständigen Ausstellung der Stiftung »Neue Synagoge Berlin – Centrum Judaicum«, hrsg. von Hermann Simon und Jochen Boberg, Berlin 1995, 227–234.

Werses, Shmuel: Portrait of the Maskil as a Young Man, in: New Perspektives on the Haskalah, hrsg. von Shmuel Feiner und David Sorkin, London, Portland/Or. 2001, 128–143.

Wiesemann, Falk: »Verborgene Zeugnisse« der deutschen Landjuden. Eine Einführung in die Ausstellung, in: Genizah – Hidden Legacies of the German Village Jews/Genisa – Verborgenes Erbe der deutschen Landjuden, 15–31.

Witt, Hubert: Nachwort, in: Mojcher Sforim: Fischke der Lahme, 214–236.

Young-Bruehl, Elisabeth: Hannah Arendt. For Love of the World, New Haven, London 1982.

Eine weit umfassendere Bibliographie zur jüdischen Bibliotheksgeschichte, zur jüdischen Bibliophilie, zur hebräischen Inkunabelkunde und zur hebräischen Typographiegeschichte wird zurzeit von Silke Schaeper erstellt. Frau Schaeper (zzt. Manchester) plant die im Rahmen ihres Dissertationsprojektes entstandene Bibliographie, die zusammen mit allgemeiner Literatur zu diesen Themen über 1000 Titel umfasst, separat zu veröffentlichen. <mailto:Silke.Schaeper@man.ac.uk>

Bildnachweis

Archive und Leihgeber

Algemeen Rijksarchief, The Hague (Archiv Graswinckel, inv. Nr. 21 [13]): S. 142.

Bayerisches Landesamt für Denkmalpflege: S. 64.

Bildarchiv Preußischer Kulturbesitz, Berlin: S. 91.

(©) The Israel Museum, Jerusalem: S. 62.

Jüdisches Museum, Frankfurt am Main: S. 116.

Hermann Mayer, Jerusalem: S. 66.

National Archives, Washington (RG 260-PHOAD-III-3): S. 128, (RG 260-PHOAD-II-49): S. 149.

The New York Public Library, The Branch Libraries, Picture Collection: S. 37.

Sächsisches Staatsarchiv Leipzig (PP-V, Nr. 4458): S. 119.

Schocken Library, Jerusalem: S. 109, 114.

(©) Stiftung »Neue Synagoge Berlin – Centrum Judaicum«, Berlin: S. 92.

The Warburg Institute, London: S. 98, 101.

Falk Wiesemann, Düsseldorf: S. 65.

Yad Vashem Film and Photo Archive, Jerusalem (FA 73 1/47): S. 130, (FA 73 2/8): S. 150.

YIVO Institute for Jewish Research, New York: S. 28, 29, 40, 47, 50, 51, 134.

Publikationen

Almanach des Schocken Verlags auf das Jahr 5697, Berlin 1936/37: S. 112.

The Cairo Genizah. A Mosaic of Life, hrsg. vom Israel Museum, Jerusalem 1997: S. 60 (2), 61.

A Century of Books. The Jewish National and University Library 1892–1992, Centennial Anniversary Exhibition, Autor des Kataloges: Zvi Baras, hrsg. von der Jewish National and University Library, Jerusalem 1992: S. 75, 76, 81.

A City and Its Book. The »Sch'ar Zion – Beit Ariela« Library (Hebr.), hrsg. von der »Sch'ar Zion – Beit Ariela« Library, Tel Aviv 1987: S. 79.

Ein Ghetto im Osten – Wilna. 65 Bilder von M. Vorobeichich, hrsg. von Emil Schaeffer, Orell-Füssli Verlag Zürich (Schaubücher 27), Zürich, Leipzig 1931: S. 22, 45.

Jahres-Bericht des Rabbiner-Seminars zu Berlin für 1925, 1926, 1927 (5686-88), erstattet vom Kuratorium, Berlin 1928: S. 87.

Jüdische Lesehalle und Bibliothek, Rückblick auf das erste Jahrzehnt, 1895–1905, Berlin 1905: S. 90.

Jüdische Rundschau, Nr. 90, 12.11.1937: S. 118.

Kühn-Ludewig, Maria: Johannes Pohl (1904–1960). Judaist und Bibliothekar im Dienste Rosenbergs. Eine biographische Dokumentation (Kleine historische Reihe der Zeitschrift Laurentius 10), Hannover 2000: S. 125.

Lehranstalt für die Wissenschaft des Judentums. Festschrift zur Einweihung des eigenen Heims, Berlin am 22. Oktober 1907, Berlin 1907: S. 86.

Der Orden Bne Briss, Festnummer zum Ordenstage, Berlin, Nr. 10, Oktober 1929: S. 107.

Der Orden Bne Briss. Mitteilungen der Großlage für Deutschland, Berlin, Nr. 7/8, Juli/August 1929: S. 106

Reif, Stefan C.: A Jewish Archive from Old Cairo. The History of Cambridge University's Genizah Collection, Curzon Press, Richmond, Surrey 2000: S. 52, 55, 56.

Wissenschaft des Ostjudentums. Eine Ausstellung zum 75. Geburtstag des Yidisher Visnshaftlekher Institut (YIVO), [hrsg. von der Universitätsbibliothek Tübingen und der litauischen Nationalbibliothek] Tübingen, Vilnius 2000: S. 48.

Herausgeber und Verlag haben sich um die Abdruckgenehmigungen bemüht. Nicht für alle Abbildungen konnten Rechteinhaber ermittelt werden. Berechtigte Ansprüche bitten wir dem Verlag mitzuteilen.